现代数值计算习题指导（第2版）

Solutions to Advanced Numerical Computing
(2nd Edition)

同济大学计算数学教研室 编著

名家系列

人民邮电出版社

北 京

图书在版编目（ＣＩＰ）数据

现代数值计算习题指导 / 同济大学计算数学教研室
编著. — 2版. -- 北京：人民邮电出版社，2014.9（2021.3重印）
ISBN 978-7-115-36003-8

Ⅰ．①现… Ⅱ．①同… Ⅲ．①数值计算－高等学校－
题解 Ⅳ．①O241-44

中国版本图书馆CIP数据核字(2014)第152989号

内 容 提 要

本书为《现代数值计算（第 2 版）》（ISBN 978-7-115-35993-3）的配套教材，是同济大学计算数学教研室老师集体智慧的结晶，全书内容包括主教材中习题的全部解答，同时给出了详细的求解过程；对于实验题，还给出了完整的 MATLAB 程序；最后提供了模拟试卷，并给出了参考答案.

本书适合作为本科生和工科研究生数值计算配套用书，也适合相关教学人员参考.

◆ 编　著　同济大学计算数学教研室
　　责任编辑　武恩玉
　　责任印制　彭志环　焦志炜

◆ 人民邮电出版社出版发行　　北京市丰台区成寿寺路 11 号
　　邮编　100164　电子邮件　315@ptpress.com.cn
　　网址　http://www.ptpress.com.cn
　　三河市祥达印刷包装有限公司印刷

◆ 开本：787×1092　1/16
　　印张：7.5　　　　　　　2014 年 9 月第 2 版
　　字数：181 千字　　　　 2021 年 3 月河北第 8 次印刷

定价：22.00 元

读者服务热线：(010)81055256　印装质量热线：(010)81055316
反盗版热线：(010)81055315
广告经营许可证：京东市监广登字 20170147 号

前　　言

　　数值计算是一门非常实用的课程, 完成足够的习题是学习和加深理解课程内容的一个重要环节. 本书是该课程教材《现代数值计算 (第 2 版)》的配套习题解答, 旨在为各位读者提供参考答案, 同时, 本书也是教材中例子的重要补充.

　　本书给出了主教材中所附习题以及数值实验题的解答, 部分习题给出了多种参考答案. 数值计算的习题除了指定必须用某方法解答的情形外, 大部分题目可能存在多种求解或计算方式, 读者不必拘泥于本解答所给出的解法. 数值实验题的解答程序是按照本书的方法给出的, 由于计算效率等问题, 并不保证该程序在一个真正的实际课题中能够使用, 读者可以参考数值计算更高级的教程. 本书中的名词和符号与主教材《现代数值计算 (第 2 版)》尽量做到一致. 参考答案中的题目编号和教材习题中的习题标号一致.

　　本书同时附有同济大学数值计算课程考卷若干份, 可以作为读者检测自己学习程度的一个参考, 同时提供这些考卷的简要答案.

　　本书主要由陈雄达编写, 王琤、陈素琴、殷俊锋、徐承龙提供了部分题目的解答以及全书的一些修改意见. 同济大学数学系的尹亮和齐亚超参与了本习题解答第 1 版的排版工作.

　　本书的编写得到了同济大学数学系数值计算课程其他老师的关心和指导, 以及人民邮电出版社的关心和支持, 谨在此一并致谢!

　　由于编者水平有限, 书中若有不妥和错误之处, 恳请广大读者批评指正.

作　者
2014 年 2 月

目　　录

第1章 科学计算与 MATLAB

§1.1 习 题 一

1. 已知近似数 x^* 的相对误差限为 0.05%, 问它至少有几位有效数字?

解: 设 x^* 的真值为 x, 根据相对误差限的定义, 有

$$\frac{|x - x^*|}{|x|} \leqslant 0.05\% = \frac{1}{2} \times 10^{-3}.$$

若 $x = a \times 10^p$, p 是整数, $1 \leqslant |a| < 10$, 则

$$|x - x^*| \leqslant \frac{1}{2}|a| \times 10^{p-3} \leqslant \frac{1}{2} \times 10^{p-2}.$$

因此容易知道近似数 x^* 至少有 3 位有效数字.

2. 说明当 N 足够大时, 应该如何计算 $\int_N^{N+1} \frac{1}{x^2+1} \mathrm{d}x$.

解: 由于

$$\int_N^{N+1} \frac{1}{x^2+1} \mathrm{d}x = \arctan(N+1) - \arctan(N),$$

当 N 足够大时, $\arctan(N+1)$ 和 $\arctan(N)$ 过于接近, 两数相减误差太大, 特别当差别小于机器精度时相减为零. 因此我们可以如下改变计算方式: 因为

$$\tan(\arctan(N+1) - \arctan(N)) = \frac{N+1-N}{1+(N+1) \cdot N} = \frac{1}{1+N+N^2},$$

于是可以用

$$\int_N^{N+1} \frac{1}{x^2+1} \mathrm{d}x = \arctan \frac{1}{1+N+N^2}$$

来计算.

3. 已知 $\sin 1° = 0.017\,5$, 求 $1 - \cos 2°$.

解: 由于

$$1 - \cos 2° = 2\sin^2 1°,$$

通过查四位数学用表知 $\sin 1° = 0.017\,5$, 所以可以算得 $1 - \cos 2° \approx 0.000\,609\,1$.

4. 假如你有一个四位数的平方根表, 如何计算方程 $x^2 + 100x - 1 = 0$ 的两个根?

解: 方程的两个根为

$$x_{1,2} = \frac{-100 \pm \sqrt{100^2 + 4}}{2} = -50 \pm \sqrt{50^2 + 1}.$$

则计算 x_1 会出现两个相近数相减的情形, 但由韦达定理 $x_1 x_2 = -1$. 所以,

$$x_2 = -50 - \sqrt{2501} = -100.01, \quad x_1 = -\frac{1}{x_2} = 0.009\,999.$$

§1.2 数值实验一

1. 给出简单的程序完成下列各小题: (1) 给出正整数 n 的十进制位数; (2) 给出正整数 n 的百位数; (3) 给出矩阵 A 的最小元素; (4) 判断一个向量是否所有元素相同.

   解: 用 MATLAB 的取整函数 floor 和最小值函数 min 即可. 其中 A(:) 表示将矩阵 A 的所有元素排成一列. 各小题命令如下:

   (1) >> floor(log10(n)) + 1

   (2) >> mod(floor(n/100),10)

   (3) >> min(A(:))

   (4) >> all(a==a(1))

2. 用向量 $\boldsymbol{a} = (a_1, a_2, \cdots, a_n)^{\mathrm{T}}$ 代表映射 $f : i \to a_i$, $i = 1, 2, \cdots, n$. 若 $a_1, a_2, \cdots, a_n$ 是整数 1 到 n 的重排, 称此映射为置换. 输入代表置换的向量 $\boldsymbol{a}$, 给出其逆置换.

   解: 设向量 $\boldsymbol{b} = (b_1, b_2, \cdots, b_n)^{\mathrm{T}}$ 表示映射 f 的逆映射 $g : j \to b_j$, $j = 1, 2, \cdots, n$. 由于 f 与 g 的复合映射是恒等映射, 因此可以编写如下简单函数 test12 求逆映射 g.

```
function b = test12(a)
    n = length(a);
    for i = 1:n,
        b(a(i)) = i;
    end
```

   $\boldsymbol{b}$ 即表示置换 $\boldsymbol{a}$ 的逆置换. 事实上, 可以有以下更简单的方式:

```
>> b(a) = 1:length(a);
```

3. 利用 $\dfrac{\pi}{6} = \arctan \dfrac{\sqrt{3}}{3}$, 以及 $\arctan x$ 的泰勒展开, 计算圆周率的近似值.

   解: $\arctan x$ 有以下的泰勒展开

   $$\arctan x = \sum_{n=1}^{\infty} \frac{(-1)^{n-1}}{2n-1} x^{2n-1}.$$

编程如下:

```
function v = test13(ep)
    format long g;
    x = 1/sqrt(3);
    t = x;
    s = x;
    n = 1;
    while abs( 6*t/n ) > ep,
        n = n + 2;
        t = - t * x^2;
        s = s + t / n;
    end
    v = 6*s;
```

其中, ep 是计算精度. 若精度为 10 位小数时, 可做以下调用:

```
>> v = test13(1e-10)
v =
       3.1415926535714
```

4. 计算欧拉常数 $\gamma = \lim\limits_{n \to +\infty} \left(1 + \frac{1}{2} + \frac{1}{3} + \cdots + \frac{1}{n} - \ln n \right)$, 精确到 10 位小数.

解: 通过求级数

$$S(n) = 1 + \frac{1}{2} + \frac{1}{3} + \cdots + \frac{1}{n} - \ln n$$

的前后两项差

$$|S(n-1) - S(n)| = \left| \ln \frac{n}{n-1} - \frac{1}{n} \right| \leqslant 10^{-11},$$

以其为终止条件来确定 n 的大小, 保证算得的欧拉常数有 10 位精确小数. 程序如下:

```
>> n = 2;
   gamma = 1 + 1/2;
   while abs( log(n/(n-1))-1/n ) > 1e-11,
       n     = n + 1;
       gamma = gamma + 1/n;
   end
   gamma = gamma - log(n)
```

算得的欧拉常数结果为: $\gamma = 0.577\ 217\ 900\ 955\ 967$.

5. 画出下面函数的图像:

$$f(x) = \begin{cases} 2 - x^2, & |x| \leqslant 1, \\ (x-2)^2, & 1 \leqslant x \leqslant 2, \\ (x+2)^2, & -2 \leqslant x \leqslant -1, \\ 0, & |x| \geqslant 2. \end{cases}$$

解: 先写好如下的 $f(x)$ 的函数文件, 保存为 f.m,

```
function y = f(x)
   if abs(x) <= 1,
       y = 2 - x^2;
   elseif abs(x) <= 2,
       y = ( abs(x)-2 )^2;
   else
       y = 0;
   end
```

然后输入如下命令:

```
>> x = linspace(-4,4,200);
   for i=1:length(x),
       y(i) = f(x(i));
   end
   plot(x,y);
```

得到的 $f(x)$ 图像如图 1-1 所示.

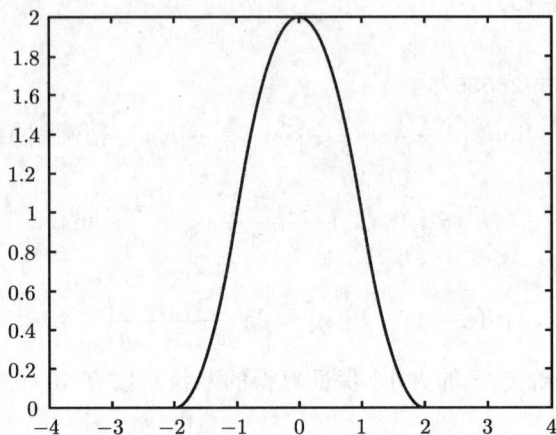

图 1-1

6. 输入一个方阵方阵 A, 对 A 做行列相同的调换, 使得 A 的对角元按绝对值从大到小的顺序排列.

解: 我们可以用以下的方式实现,

```
>> [u,v] = sort(-abs(diag(A)));
   A      = A(v,v);
```

其中 A 是给定的方阵. sort 函数返回一个向量的从小到大的排序及其排完序后的分量在原向量中的位置. 我们只需要这个位置就可以对 A 进行重新排序. 第二行的写法是 MATLAB 特有的, 这种写法意味着我们可以随意但有规律地调用 A 的行列生成新的矩阵. 当然, 我们也可以用简单排序法进行以下操作 (虽然并不推荐大家这么用).

```
 n = size(A,1);
 for  i = 1:n-1,
    for  j = i+1:n,
       if  abs(A(i,i)) < abs(A(j,j)),
          A(:,[i,j]) = A(:,[j,i]);
          A([i,j],:) = A([j,i],:);
       end
    end
 end
```

其中, A 矩阵的行列交换仍旧是与其他计算机语言不同的: 这里我们不需要临时变量.

7. 计算一元多项式 $p(x) = a_0 + a_1 x + \cdots + a_n x^n$ 有以下的 Horner 方法:

$$\begin{cases} u_n = a_n, \\ u_k = u_{k+1} x + a_k, \quad k = n-1, \cdots, 1, 0, \\ p(x) = u_0. \end{cases}$$

试用 MATLAB 实现该方法.

解：用 Horner 方法计算多项式的值能减少其计算量. MATLAB 程序如下：

```
function y = test17(a,x)
    y = a(end);
    for i = length(a)-1:-1:1,
        y = y*x + a(i);
    end
```

其中向量 $\boldsymbol{a} = (a_0, a_1, \cdots, a_n)$ 是表示多项式 $p(x)$ 的系数向量, length 是求向量长度的函数. 运行函数 test17(a,x) 即可算得多项式的值 y.

8. 在一个图形窗口中画出下面几个函数的图像：$f_1(x) = 1$, $f_2(x) = \dfrac{1}{x^2+1}$, $f_3(x) = \dfrac{\sin x}{\mathrm{e}^x+1}$.

解：用 hold on 命令依次画出 3 个函数的图像即可. 命令如下：

```
>> hold on;
   x = linspace(-10,10,200);
   plot(x,ones(length(x)),'g-');
   plot(x,1./(x.^2+1),'r:');
   plot(x,sin(x)./(exp(x)+1),'b-.');
```

可以以下操作, 在一条画图命令中画出所有曲线：

```
>> x  = linspace(-10,10,200);
   f1 = ones(length(x));
   f2 = 1./(x.^2+1);
   f3 = sin(x)./(exp(x)+1);
   plot(x,f1,'g-',x,f2,'r:',x,f3,'b-.');
```

得到的图像如图 1-2 所示.

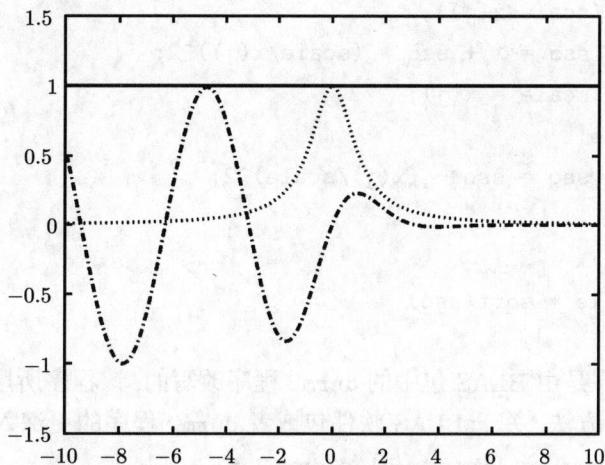

图 1-2

9. 一个向量 $\boldsymbol{x} = (x_1, x_2, \ldots, x_n)^{\mathrm{T}}$ 的欧几里得范数定义为

$$\|x\| = \left(\sum_{i=1}^{n} x_i^2\right)^{\frac{1}{2}}.$$

试写一程序计算欧几里得范数, 并说明如何避免上溢和有害的下溢.

解: 我们注意到, 范数可以递归调用如下

$$\left(\sum_{i=1}^{n} x_i^2\right)^{\frac{1}{2}} = \left(\left(\sqrt{\sum_{i=1}^{n-1} x_i^2}\right)^2 + x_n^2\right)^{\frac{1}{2}},$$

或按照 MATLAB 记号

$$\|\boldsymbol{x}\| = \big\|(\|\boldsymbol{x}(1:n-1)\|, \boldsymbol{x}(n))\big\|,$$

所以只需要讨论两个分量的向量求范数的问题. 对于 $\boldsymbol{x} = (x_1, x_2)$, 可以先做规范化, 即除以一个常数使按模最大分量为 1. 不妨设为 x_1, 我们可以求 $\left(1, \frac{x_2}{x_1}\right)$ 的范数再乘以 $|x_1|$. (如果该向量非零, 则 x_1 非零.) 递归调用, 并写成以下程序:

```
function  s = nrmv(x)
    x = abs(x(x~=0));
    n = length(x);
    if  n==0,
        s = 0;
    elseif  n==1,
        s = abs(x);
    else
        scale = 0;
        ssq   = 1;
        for j = 1:n,
            if (scale<x(j)),
                ssq = 1 + ssq * (scale/x(j))^2;
                scale = x(j);
            else
                ssq = ssq + (x(j)/scale)^2;
            end
        end
        s = scale * sqrt(ssq);
    end
```

事实上, 这个程序是由 BLAS 包中的 dnrm2 程序改写的, 该程序所用方法也是 MATLAB 求范数的程序的方法. 关于 BLAS 软件包或者 dnrm2 程序的更深入的介绍, 可以查阅以下网页 http://www.netlib.org/blas/dnrm2.f.

第2章 线性方程组的直接解法

§2.1 习 题 二

1. 用高斯消去法求解下述线性方程组：

$$\begin{cases} 16x_1 - 12x_2 + 2x_3 + 4x_4 = 17 \\ 12x_1 - 8x_2 + 6x_3 + 10x_4 = 36 \\ 3x_1 - 13x_2 + 9x_3 + 23x_4 = -49 \\ -6x_1 + 14x_2 + x_3 - 28x_4 = -54 \end{cases}$$

解：第 1 行分别乘以 $m_{21} = -\frac{3}{4}$, $m_{31} = -\frac{3}{16}$, $m_{41} = \frac{3}{8}$ 加到第 2, 3, 4 行上有

$$\begin{cases} 16x_1 - 12x_2 + 2x_3 + 4x_4 = 17 \\ x_2 + 4.5x_3 + 7x_4 = 23.25 \\ -10.75x_2 + 8.625x_3 + 22.25x_4 = -52.187\,5 \\ 9.5x_2 + 1.75x_3 - 26.5x_4 = -47.625 \end{cases}$$

第 2 行分别乘以 $m_{32} = 10.75$, $m_{42} = -9.5$ 加到第 3, 4 行上有

$$\begin{cases} 16x_1 - 12x_2 + 2x_3 + 4x_4 = 17 \\ x_2 + 4.5x_3 + 7x_4 = 23.25 \\ 57x_3 + 97.5x_4 = 197.75 \\ -41x_3 - 93x_4 = -268.5 \end{cases}$$

第 3 行乘以 $m_{43} = 41/57 \approx 0.719\,3$ 加到第 4 行上有

$$\begin{cases} 16x_1 - 12x_2 + 2x_3 + 4x_4 = 17 \\ x_2 + 4.5x_3 + 7x_4 = 23.25 \\ 57x_3 + 97.5x_4 = 197.75 \\ -22.868\,4x_4 = -126.258\,8 \end{cases}$$

回代求得解为 $x_4 = 5.521\,1$, $x_3 = -5.974\,7$, $x_2 = 11.488\,4$, $x_1 = 9.045\,4$.

2. 用列主元素高斯消去法求解下述线性方程组：

$$\begin{cases} x_1 + 13x_2 - 2x_3 - 34x_4 = 13 \\ 2x_1 + 6x_2 - 7x_3 - 10x_4 = -22 \\ -10x_1 - x_2 + 5x_3 + 9x_4 = 14 \\ -3x_1 - 5x_2 + 15x_4 = -36 \end{cases}$$

解：列主元素高斯消去过程如下. 首先第 1 列上主元为 -10, 对调第 1 行和第 3 行, 并

消去第 1 列其他元素, 有

$$\begin{cases} -10x_1 - x_2 + 5x_3 + 9x_4 = 14 \\ + 5.8x_2 - 6x_3 - 8.2x_4 = -19.2 \\ + 12.9x_2 - 1.5x_3 - 33.1x_4 = 14.4 \\ - 4.7x_2 - 1.5x_3 + 12.3x_4 = -40.2 \end{cases}$$

第 2 列主元在第 3 行, 对调第 2 行和第 3 行, 并消去第 2 列上的元素有

$$\begin{cases} -10x_1 - x_2 + 5x_3 + 9x_4 = 14 \\ 12.9x_2 - 1.5x_3 - 33.1x_4 = 14.4 \\ - 5.325\,6x_3 + 6.682\,2x_4 = -25.674\,4 \\ - 2.046\,5x_3 + 0.240\,3x_4 = -34.953\,5 \end{cases}$$

第 3 列主元在第 3 行, 不用调换行, 直接消去有

$$\begin{cases} -10x_1 - x_2 + 5x_3 + 9x_4 = 14 \\ 12.9x_2 - 1.5x_3 - 33.1x_4 = 14.4 \\ - 5.325\,6x_3 + 6.682\,2x_4 = -25.674\,4 \\ - 2.327\,5x_4 = -25.087\,3 \end{cases}$$

代回求解, 最后可得解向量为 $x = (14.382\,7, 30.906\,2, 18.345\,2, 10.778\,6)^{\mathrm{T}}$.

3. 用矩阵 A 的杜利脱尔三角分解 $A = LU$, 求解方程组:

$$\begin{pmatrix} 15 & 7 & 0 & 10 \\ 6 & 18 & 15 & 9 \\ 0 & 10 & 28 & 7 \\ 5 & 0 & 6 & 35 \end{pmatrix} \begin{pmatrix} x_1 \\ x_2 \\ x_3 \\ x_4 \end{pmatrix} = \begin{pmatrix} 8 \\ 6 \\ 4 \\ +2 \end{pmatrix}$$

解: $A = LU$, 按照 LU 分解算法可得

$$L = \begin{pmatrix} 1 & & & \\ 0.4 & 1 & & \\ 0 & 0.657\,9 & 1 & \\ 0.333\,3 & -0.153\,5 & 0.457\,9 & 1 \end{pmatrix}, \quad U = \begin{pmatrix} 15 & 7 & 0 & 10 \\ & 15.2 & 15 & 5 \\ & & 18.131\,6 & 3.710\,5 \\ & & & 30.735\,1 \end{pmatrix}.$$

求解 $Ly = b$, b 为右端项, 可得 $y = (8, 2.8, 2.157\,9, -1.225\,0)^{\mathrm{T}}$. 求解 $Ux = y$, 最后可得解向量: $x = (0.526\,4, 0.071\,8, 0.127\,2, -0.039\,9)^{\mathrm{T}}$.

4. 用乔列斯基分解计算下述线性方程组:

$$\begin{pmatrix} 4 & -1 & & \\ -1 & 4 & -1 & \\ & -1 & 4 & -1 \\ & & -1 & 4 \end{pmatrix} \begin{pmatrix} x_1 \\ x_2 \\ x_3 \\ x_4 \end{pmatrix} = \begin{pmatrix} 2 \\ 4 \\ 11 \\ -7 \end{pmatrix}$$

解: $A = LL^{\mathrm{T}}$, 利用乔列斯基分解算法可得

$$L = \begin{pmatrix} 2 & & & \\ -0.5 & 1.936\,5 & & \\ & -0.516\,4 & 1.932\,2 & \\ & & -0.517\,5 & 1.931\,9 \end{pmatrix}.$$

做两个回代计算: $Ly = b$ 和 $L^Tx = y$, 最后可得

$$y = (1.000\ 0, 2.323\ 8, 6.314\ 7, -1.931\ 9)^T,$$
$$x = (1.000\ 0, 2.000\ 0, 3.000\ 0, -1.000\ 0)^T.$$

5. 用乔列斯基分解计算下述线性方程组:

$$\begin{pmatrix} 4 & -1 & & & \\ -1 & 4 & -1 & & \\ & -1 & 4 & -1 & \\ & & -1 & 4 & -1 \\ & & & -1 & 4 \end{pmatrix} \begin{pmatrix} x_1 \\ x_2 \\ x_3 \\ x_4 \\ x_5 \end{pmatrix} = \begin{pmatrix} 5 \\ 8 \\ 16 \\ 24 \\ 36 \end{pmatrix}.$$

解: $A = LL^T$, 利用乔列斯基分解算法可得

$$L = \begin{pmatrix} 2 & & & & \\ -0.5 & 1.936\ 5 & & & \\ & -0.516\ 4 & 1.932\ 2 & & \\ & & -0.517\ 5 & 1.931\ 9 & \\ & & & -0.517\ 6 & 1.931\ 9 \end{pmatrix}.$$

做两个回代计算: $Ly = b$ 和 $L^Tx = y$, 最后可得

$$y = (2.500\ 0, 4.776\ 7, 9.557\ 4, 14.983\ 6, 22.649\ 7)^T,$$
$$x = (2.391\ 0, 4.564\ 1, 7.865\ 4, 10.897\ 4, 11.724\ 4)^T.$$

6. 用追赶法求解下述线性方程组

$$\begin{pmatrix} 12 & 1 & & & \\ 1 & 12 & 1 & & \\ & 1 & 12 & 1 & \\ & & 1 & 12 & 1 \\ & & & 1 & 12 \end{pmatrix} \begin{pmatrix} x_1 \\ x_2 \\ x_3 \\ x_4 \\ x_5 \end{pmatrix} = \begin{pmatrix} 11 \\ 10 \\ 10 \\ 10 \\ 11 \end{pmatrix}.$$

解: 按照追赶法算法 2.2.9, 设

$$\begin{pmatrix} 12 & 1 & & & \\ 1 & 12 & 1 & & \\ & 1 & 12 & 1 & \\ & & 1 & 12 & 1 \\ & & & 1 & 12 \end{pmatrix} = \begin{pmatrix} l_1 & & & & \\ 1 & l_2 & & & \\ & 1 & l_3 & & \\ & & 1 & l_4 & \\ & & & 1 & l_5 \end{pmatrix} \begin{pmatrix} 1 & u_1 & & & \\ & 1 & u_2 & & \\ & & 1 & u_3 & \\ & & & 1 & u_4 \\ & & & & 1 \end{pmatrix} = LU,$$

且 $d = (11, 10, 10, 10, 11)^T$. 记 y 是 $Ly = d$ 的解, 则原方程 x 是 $Ux = y$ 的解.

追的过程为:

$$l_1 = b_1 = 12, \qquad\qquad y_1 = d_1/l_1 = 0.916\ 7, \qquad\qquad u_1 = c_1/l_1 = 0.083\ 3,$$
$$l_2 = b_2 - a_2u_1 = 11.916\ 7, \quad y_2 = (d_2 - a_2y_1)/l_2 = 0.762\ 2, \quad u_2 = c_2/l_2 = 0.083\ 9,$$
$$l_3 = b_3 - a_3u_2 = 11.916\ 1, \quad y_3 = (d_3 - a_3y_2)/l_3 = 0.775\ 2, \quad u_3 = c_3/l_3 = 0.083\ 9,$$
$$l_4 = b_4 - a_4u_3 = 11.916\ 1, \quad y_4 = (d_4 - a_4y_3)/l_4 = 0.774\ 1, \quad u_4 = c_4/l_4 = 0.083\ 9,$$
$$l_5 = b_5 - a_5u_4 = 11.916\ 1, \quad y_5 = (d_5 - a_5y_4)/l_5 = 0.858\ 2,$$

赶的过程为:

$$x_5 = y_5 = 0.858\,2,$$
$$x_4 = y_4 - u_4 x_5 = 0.702\,1,$$
$$x_3 = y_3 - u_3 x_4 = 0.716\,3,$$
$$x_2 = y_2 - u_2 x_3 = 0.702\,1,$$
$$x_1 = y_1 - u_1 x_2 = 0.858\,2,$$

最后可得解向量为 $\boldsymbol{x} = (0.858\,2, 0.702\,1, 0.716\,3, 0.702\,1, 0.858\,2)^{\mathrm{T}}$.

7. 给出计算对称正定的三对角矩阵 $\boldsymbol{A}$ 的乔列斯基分解的计算格式, 其中

$$\begin{pmatrix} \alpha_1 & \beta_1 & & & & \\ \beta_1 & \alpha_2 & \beta_2 & & & \\ & \beta_2 & \alpha_3 & \beta_3 & & \\ & & \ddots & \ddots & \ddots & \\ & & & \beta_{n-2} & \alpha_{n-1} & \beta_{n-1} \\ & & & & \beta_{n-1} & \alpha_n \end{pmatrix}.$$

解: 乔列斯基分解为: $\boldsymbol{A} = \boldsymbol{L}\boldsymbol{L}^{\mathrm{T}}$. 由于 $\boldsymbol{A}$ 是三对角矩阵, 利用矩阵的乘法规则, 可得 $\boldsymbol{L}$ 是下述只有两条对角线的下三角矩阵:

$$\boldsymbol{L} = \begin{pmatrix} \theta_1 & & & & \\ \gamma_1 & \theta_2 & & & \\ & \gamma_2 & \theta_3 & & \\ & & \ddots & \ddots & \\ & & & \gamma_{n-1} & \theta_n \end{pmatrix}.$$

按照矩阵的乘法规则, 可得

$$\theta_1 = \sqrt{\alpha_1},$$
$$\gamma_1 = \beta_1/\theta_1, \qquad \theta_2 = \sqrt{\alpha_2 - \gamma_1^2},$$
$$\gamma_2 = \beta_2/\theta_2, \qquad \theta_3 = \sqrt{\alpha_3 - \gamma_2^2},$$
$$\vdots \qquad\qquad \vdots$$
$$\gamma_{n-1} = \beta_{n-1}/\theta_{n-1}, \quad \theta_n = \sqrt{\alpha_n - \gamma_{n-1}^2}.$$

因此算法可写成
Step 1. $\theta_1 = \sqrt{\alpha_1}$;
Step 2. 对 $i = 1, 2, \cdots, n-1$ 计算

$$\begin{cases} \gamma_i = \beta_i/\theta_i, \\ \theta_{i+1} = \sqrt{\alpha_{i+1} - \gamma_i^2}. \end{cases}$$

8. 求分块矩阵

$$\mathcal{A} = \begin{pmatrix} \boldsymbol{A} & \boldsymbol{B} \\ \boldsymbol{C} & \boldsymbol{D} \end{pmatrix}$$

的一个分块三角分解, 其中

$$\boldsymbol{A} = \begin{pmatrix} 6 & 2 \\ 3 & 5 \end{pmatrix}, \quad \boldsymbol{B} = \begin{pmatrix} 3 & 1 \\ 0 & 6 \end{pmatrix}, \quad \boldsymbol{C} = \begin{pmatrix} 4 & 0 \\ 0 & 4 \end{pmatrix}, \quad \boldsymbol{D} = \begin{pmatrix} 9 & 5 \\ 7 & 4 \end{pmatrix}.$$

解: 令

$$\mathcal{A} = \mathcal{L}\mathcal{U} = \begin{pmatrix} \boldsymbol{I} & \boldsymbol{O} \\ \boldsymbol{E} & \boldsymbol{I} \end{pmatrix} \begin{pmatrix} \boldsymbol{A} & \boldsymbol{B} \\ \boldsymbol{O} & \boldsymbol{S} \end{pmatrix}.$$

我们有

$$\boldsymbol{A}^{-1} = \frac{1}{24} \begin{pmatrix} 5 & -2 \\ -3 & 6 \end{pmatrix},$$

所以

$$\boldsymbol{E} = \boldsymbol{C}\boldsymbol{A}^{-1} = \frac{1}{6} \begin{pmatrix} 5 & -2 \\ -3 & 6 \end{pmatrix},$$

$$\boldsymbol{S} = \boldsymbol{D} - \boldsymbol{C}\boldsymbol{A}^{-1}\boldsymbol{B} = \begin{pmatrix} 9 & 5 \\ 7 & 4 \end{pmatrix} - \frac{1}{6} \begin{pmatrix} 5 & -2 \\ -3 & 6 \end{pmatrix} \begin{pmatrix} 3 & 1 \\ 0 & 6 \end{pmatrix} = \frac{1}{6} \begin{pmatrix} 39 & 37 \\ 51 & -9 \end{pmatrix}.$$

9. 描述用 Givens 变换把上海森伯格 (Hessenberg) 型矩阵

$$\boldsymbol{A} = \begin{pmatrix} a_{11} & a_{12} & \cdots & & a_{1n} \\ a_{21} & a_{22} & \cdots & & a_{2n} \\ & a_{32} & & & a_{3n} \\ & & \ddots & \ddots & \vdots \\ & & & a_{n,n-1} & a_{nn} \end{pmatrix}$$

化为上三角矩阵的计算过程.

解: 仿照教材中的例 2.3.2, 我们有以下的算法:

对 $i = 1, 2, \cdots, n-1$, 实行操作

$$\cos\theta = \frac{a_{ii}}{\sqrt{a_{ii}^2 + a_{i+1,i}^2}},$$
$$\sin\theta = \frac{a_{i+1,i}}{\sqrt{a_{ii}^2 + a_{i+1,i}^2}},$$
$$\boldsymbol{A} = \boldsymbol{G}(i, i+1, \theta)\boldsymbol{A}.$$

注意到, 第三步的操作实际上只有矩阵 $\boldsymbol{A}$ 的第 i 行和第 $i+1$ 行需要计算.

10. 已知 $\boldsymbol{x} = (4, 2, 5, -2)^{\mathrm{T}}$, 求 Householder 矩阵 $\boldsymbol{P}$, 使得 $\boldsymbol{P}\boldsymbol{x} = -7\boldsymbol{e}_1$, 其中 $\|\boldsymbol{x}\|_2 = 7$.

解: 因为

$$\boldsymbol{u} = \boldsymbol{x} + \mathrm{sgn}(x_1)\|\boldsymbol{x}\|_2\boldsymbol{e}_1 = (4, 2, 5, -2)^{\mathrm{T}} + 7(1, 0, 0, 0)^{\mathrm{T}} = (11, 2, 5, -2)^{\mathrm{T}},$$

所以

$$\boldsymbol{P} = \boldsymbol{I} - 2\frac{\boldsymbol{u}\boldsymbol{u}^{\mathrm{T}}}{\|\boldsymbol{u}\|^2} = \boldsymbol{I} - \frac{2}{154} \begin{pmatrix} 121 & 22 & 55 & -22 \\ 22 & 4 & 10 & -4 \\ 55 & 10 & 25 & -10 \\ -22 & -4 & -10 & 4 \end{pmatrix}.$$

这样,

$$\boldsymbol{Px} = \boldsymbol{x} - 2\frac{\boldsymbol{u}^{\mathrm{T}}\boldsymbol{x}}{\|\boldsymbol{u}\|^2}\boldsymbol{u} = \begin{pmatrix} 4 \\ 2 \\ 5 \\ -2 \end{pmatrix} - 2 \times \frac{77}{154}\begin{pmatrix} 11 \\ 2 \\ 5 \\ -2 \end{pmatrix} = -7\boldsymbol{e}_1.$$

11. 用 Householder 变换做以下矩阵 $\boldsymbol{A}$ 的 QR 分解

$$\boldsymbol{A} = \begin{pmatrix} 3 & -4 & 1 \\ 4 & 2 & 2 \\ 0 & 4 & -3 \end{pmatrix}.$$

解: 记矩阵 $\boldsymbol{A} = (\boldsymbol{a}_1, \boldsymbol{a}_2, \boldsymbol{a}_3)$. 因为

$$\boldsymbol{u}_1 = \boldsymbol{a}_1 + \mathrm{sgn}(\boldsymbol{a}_{11})\|\boldsymbol{a}_1\|\boldsymbol{e}_1 = (3,4,0)^{\mathrm{T}} + 5(1,0,0)^{\mathrm{T}} = (8,4,0)^{\mathrm{T}},$$

所以

$$\boldsymbol{P}_1 = \boldsymbol{I} - 2\frac{\boldsymbol{u}_1\boldsymbol{u}_1^{\mathrm{T}}}{\|\boldsymbol{u}_1\|^2} = \boldsymbol{I} - \frac{2}{80}\begin{pmatrix} 64 & 32 & 0 \\ 32 & 16 & 0 \\ 0 & 0 & 0 \end{pmatrix} = \begin{pmatrix} -3/5 & -4/5 & 0 \\ -4/5 & 3/5 & 0 \\ 0 & 0 & 1 \end{pmatrix},$$

我们有

$$\boldsymbol{P}_1\boldsymbol{A} = \begin{pmatrix} -5 & 4/5 & -11/5 \\ 0 & 22/5 & 2/5 \\ 0 & 4 & -3 \end{pmatrix}.$$

记 $\bar{\boldsymbol{a}}_2 = (22/5, 4)^{\mathrm{T}}$, 因为

$$\bar{\boldsymbol{u}}_2 = \bar{\boldsymbol{a}}_2 + \mathrm{sgn}((\bar{\boldsymbol{a}}_2)_1)\|\bar{\boldsymbol{a}}_2\|\bar{\boldsymbol{e}}_1 = (22/5, 4)^{\mathrm{T}} + \frac{2}{5}\sqrt{221}(1,0)^{\mathrm{T}} = (10.346\,4, 4)^{\mathrm{T}},$$

所以

$$\bar{\boldsymbol{P}}_2 = \boldsymbol{I}_2 - 2\frac{\boldsymbol{u}_2\boldsymbol{u}_2^{\mathrm{T}}}{\|\boldsymbol{u}_2\|^2} = \begin{pmatrix} -0.739\,9 & -0.672\,7 \\ -0.672\,7 & 0.739\,9 \end{pmatrix}.$$

记 $\boldsymbol{P}_2 = \begin{pmatrix} 1 & \boldsymbol{O} \\ \boldsymbol{O} & \bar{\boldsymbol{P}}_2 \end{pmatrix}$, 我们有

$$\boldsymbol{P}_2\boldsymbol{P}_1\boldsymbol{A} = \begin{pmatrix} 1 & 0 & 0 \\ 0 & -0.739\,9 & -0.672\,7 \\ 0 & -0.672\,7 & 0.739\,9 \end{pmatrix}\begin{pmatrix} -5 & 4/5 & -11/5 \\ 0 & 22/5 & 2/5 \\ 0 & 4 & -3 \end{pmatrix}$$

$$= \begin{pmatrix} -5 & 0.8 & -2.2 \\ 0 & -5.946\,4 & 1.722\,0 \\ 0 & 0 & -2.488\,9 \end{pmatrix}.$$

所以,

$$A = P_1 P_2 \begin{pmatrix} -5 & 0.8 & -2.2 \\ 0 & -5.946\,4 & 1.722\,0 \\ 0 & 0 & -2.488\,9 \end{pmatrix}$$

$$= \begin{pmatrix} -0.6 & 0.592\,0 & 0.538\,1 \\ -0.8 & -0.444\,0 & -0.403\,6 \\ 0 & -0.672\,7 & 0.739\,9 \end{pmatrix} \begin{pmatrix} -5 & 0.8 & -2.2 \\ 0 & -5.946\,4 & 1.722\,0 \\ 0 & 0 & -2.488\,9 \end{pmatrix}$$

在 MATLAB 的命令行上运行下面的命令可以得到相同的结果:

```
>> A=[3 -4 1; 4 2 2; 0 4 -3];
>> [q,r]=qr(A)
```

§2.2   数值实验二

1. 写出用追赶法求解下述线性方程组的程序, 其中 $n = 101$

$$\begin{pmatrix} 12 & 1 & 0 & \cdots & 0 \\ 1 & 12 & 1 & \cdots & 0 \\ 0 & 1 & 12 & \ddots & \vdots \\ \vdots & \vdots & \ddots & \ddots & 1 \\ 0 & 0 & \cdots & 1 & 12 \end{pmatrix} \begin{pmatrix} x_1 \\ x_2 \\ x_3 \\ \vdots \\ x_n \end{pmatrix} = \begin{pmatrix} 11 \\ 10 \\ 10 \\ \vdots \\ 11 \end{pmatrix}.$$

解: 我们直接写出求解下述一般三对角稀疏矩阵线性方程组

$$A = \begin{pmatrix} b_1 & c_1 & & & \\ a_1 & b_2 & c_2 & & \\ & \ddots & \ddots & \ddots & \\ & & a_{n-2} & b_{n-1} & c_{n-1} \\ & & & a_{n-1} & b_n \end{pmatrix} \begin{pmatrix} x_1 \\ x_2 \\ \vdots \\ x_{n-1} \\ x_n \end{pmatrix} = \begin{pmatrix} d_1 \\ d_2 \\ \vdots \\ d_{n-1} \\ d_n \end{pmatrix}$$

的追赶法程序如下:

```
function x = tridiagsolver(a,b,c,d)
    n = length(b);
    l(1) = b(1);
    y(1) = d(1) / l(1);
    u(1) = c(1) / l(1);
    for i = 2:n-1,
        l(i) = b(i) - a(i-1)*u(i-1);
        y(i) = ( d(i) - y(i-1)*a(i-1) ) / l(i);
        u(i) = c(i) / l(i);
```

```
    end
    l(n) = b(n) - a(n-1)*u(n-1);
    y(n) = (d(n) - y(n-1)*a(n-1)) / l(n);
    x(n) = y(n);
    for i = n-1:-1:1,
        x(i) = y(i) - u(i) * x(i+1);
    end
```

其中 $\boldsymbol{a} = (a_1, \cdots, a_{n-1})$, $\boldsymbol{b} = (b_1, \cdots, b_n)$, $\boldsymbol{c} = (c_1, \cdots, c_{n-1})$, $\boldsymbol{d} = (d_1, \cdots, d_n)$. 输入以下命令:

```
>> n = 101;
>> tridiagsolver(ones(1,n-1),12*ones(1,n),ones(1,n-1),[11,10*ones(1,n-2),
   11])

ans =
  Columns 1 through 10
  0.8581  0.7022  0.7153  0.7142  0.7143  0.7143  0.7143  0.7143  0.7143  0.7143
  Columns 11 through 20
  0.7143  0.7143  0.7143  0.7143  0.7143  0.7143  0.7143  0.7143  0.7143  0.7143
  Columns 21 through 30
  0.7143  0.7143  0.7143  0.7143  0.7143  0.7143  0.7143  0.7143  0.7143  0.7143
  Columns 31 through 40
  0.7143  0.7143  0.7143  0.7143  0.7143  0.7143  0.7143  0.7143  0.7143  0.7143
  Columns 41 through 50
  0.7143  0.7143  0.7143  0.7143  0.7143  0.7143  0.7143  0.7143  0.7143  0.7143
  Columns 51 through 60
  0.7143  0.7143  0.7143  0.7143  0.7143  0.7143  0.7143  0.7143  0.7143  0.7143
  Columns 61 through 70
  0.7143  0.7143  0.7143  0.7143  0.7143  0.7143  0.7143  0.7143  0.7143  0.7143
  Columns 71 through 80
  0.7143  0.7143  0.7143  0.7143  0.7143  0.7143  0.7143  0.7143  0.7143  0.7143
  Columns 81 through 90
  0.7143  0.7143  0.7143  0.7143  0.7143  0.7143  0.7143  0.7143  0.7143  0.7143
  Columns 91 through 100
  0.7143  0.7143  0.7143  0.7143  0.7143  0.7143  0.7143  0.7142  0.7153  0.7022
  Column 101
  0.8581
```

即得到方程的解.

2. 写出用 Givens 变换把上海森伯格型矩阵

$$A = \begin{pmatrix} 15 & 4 & 7 & 0 & 6 \\ 12 & 3 & 0 & 24 & 9 \\ & 24 & 81 & 39 & 40 \\ & & 32 & 21 & 33 \\ & & & 15 & 17 \end{pmatrix}$$

化为上三角矩阵的程序.

解: 编写一般上海森伯格矩阵的 Givens 变换程序如下:

```
function A = guh(A)
% Givens transform for Upper-Hessenberg matrix
    n = size(A,1);
    for k = 1:n-1,
        t = norm( A([k,k+1],k) );
        c = A(k,k) / t;
        s = A(k+1,k) / t;
        G = [ c s ; -s c ];
        A([k,k+1],k:n) = G * A([k,k+1],k:n);
    end
```

在命令行上输入如下命令, 就可得到该问题的结果:

```
>> A = [ 15 4 7 0 6; 12 3 0 24 9; 0 24 81 39 40; 0 0 32 21 33; 0 0 0 15 17];
>> A = guh(A)
A =
   19.2094    4.9976    5.4661   14.9927   10.3075
         0   24.0005   81.0267   38.8772   39.9778
         0   -0.0000   32.2303   18.5836   32.3419
         0         0         0   26.1042   15.8675
         0         0         0         0    9.6310
```

第3章 多项式插值与样条插值

§3.1 习 题 三

1. 设有数据表 3-1, 用线性插值找出 $\sin 0.705$ 和 $\cos 0.702$ 的近似值.

表 3-1

x	$\sin x$	$\cos x$
0.70	0.644 217 687 2	0.764 842 187 2
0.71	0.651 833 771 0	0.758 361 875 9

解: 先求 $\sin 0.705$ 的近似值. 用线性插值公式有

$$L_1(x) = \frac{x - 0.70}{0.71 - 0.70} \times 0.651\,833\,771\,0 + \frac{x - 0.71}{0.70 - 0.71} \times 0.644\,217\,687\,2$$
$$= 0.761\,608\,38x + 0.111\,091\,821\,2$$

将 $x = 0.705$ 代入, 即得

$$\sin 0.705 \approx L_1(0.705) = 0.648\,025\,729\,1.$$

再求 $\cos 0.702$ 的近似值. 用线性插值公式有

$$L_1(x) = \frac{x - 0.70}{0.71 - 0.70} \times 0.758\,361\,875\,9 + \frac{x - 0.71}{0.70 - 0.71} \times 0.764\,842\,187\,2$$
$$= -0.648\,031\,13x + 1.218\,463\,978\,2$$

将 $x = 0.702$ 代入, 即得

$$\cos 0.702 \approx L_1(0.702) = 0.763\,546\,124\,94.$$

2. 设给定数值表 3-2.

表 3-2

x	0	1	2	4	6
$f(x)$	1	9	23	3	259

(1) 构造出差商表;

(2) 用牛顿插值多项式求出 $f(4.2)$ 的近似值.

解: (1) 差商表为

x_k	$f(x_k)$	一阶差商	二阶差商	三阶差商	四阶差商
0	1				
		8			
1	9		3		
		14		−2.75	
2	23		−8		1.875
		−10		8.5	
4	3		34.5		
		128			
6	259				

(2) 牛顿插值多项式为

$$N(x) = 1 + 8x + 3x(x-1) - 2.75x(x-1)(x-2)$$
$$+ 1.875x(x-1)(x-2)(x-4),$$

把 $x = 4.2$ 代入得

$$f(4.2) \approx N(4.2) = 4.696.$$

3. 多项式 $p(x) = x^4 - x^3 + x^2 - x + 1$ 有数值表 3-3.

表 3-3

x	−2	−1	0	1	2	3
$p(x)$	31	5	1	1	11	61

试找一次数不大于 5 的多项式 $q(x)$, 它取表 3-4 的数值.

表 3-4

x	−2	−1	0	1	2	3
$q(x)$	31	5	1	1	11	30

解: 由表 3-3 和表 3-4 可知 $p(x) - q(x)$ 至少有 $x = 0, \pm 1, \pm 2$ 五个根, 所以可设

$$p(x) - q(x) = Ax(x-1)(x+1)(x-2)(x+2),$$

把 $x = 3$ 代入, 得 $A = \dfrac{31}{120}$, 所以

$$q(x) = p(x) - \frac{31}{120}x(x-1)(x+1)(x-2)(x+2).$$

4. 如果用一个 20 次的插值多项式在 $[0, 2]$ 上逼近 e^{-x}, 那么精确性如何?
解: 插值余项为

$$R_{20}(x) = \frac{f^{(21)}(\xi)}{21!} \prod_{k=0}^{20} (x - x_k),$$

式中, $f(x) = \mathrm{e}^{-x}$, $f^{(21)}(x) = -\mathrm{e}^{-x}$, ξ 介于 0 与 2 之间. 首先,

$$f^{(21)}(\xi)| = |\mathrm{e}^{-\xi}| < 1.$$

若假设节点 $x_0, x_1, \cdots, x_{20}$ 是等距的, 则对于 $k \neq 10$,

$$\max_x |(x - x_k)(x - x_{20-k})| \leqslant 1,$$

当 $k = 10$ 时有

$$|x - x_{10}| \leqslant 1.$$

于是

$$|R_{20}(x)| < \frac{1}{21!}.$$

因此, 逼近是非常精确的.

5. 设用在区间 $[1,2]$ 上 10 个均匀分布节点的 9 次插值多项式逼近函数 $f(x) = \ln x$, 误差界是多少?

解: 设 $x = x_0 + th$, 其中 $x_0 = 1, h = \frac{1}{9}, 0 \leqslant t \leqslant 9$. 插值余项为

$$R(x) = R(x_0 + th) = \frac{f^{(10)}(\xi)}{10!} h^{10} \prod_{k=0}^{9} (t - k) = \bar{R}(t),$$

式中, ξ 介于 1 与 2 之间. 因为 $f(x) = \ln x, f^{(10)}(x) = -\frac{9!}{x^{10}}$, 所以

$$|f^{(10)}(\xi)| < 9!.$$

于是

$$|\bar{R}(t)| < \frac{1}{10 \times 9^{10}} \prod_{k=0}^{9} |t - k| \leqslant \frac{4.5^9}{10 \times 9^{10}} = \frac{1}{90 \times 2^9}.$$

6. 设 $l_0(x), l_1(x), \cdots, l_n(x)$ 是以 $x_0, x_1, \cdots, x_n$ 为节点的 n 次拉格朗日插值基函数, 证明

$$\sum_{i=0}^{n} x_i^k \cdot l_i(x) = x^k, \quad k = 0, 1, 2, \cdots, n.$$

证: 因为左边是以 $x_0, x_1, \cdots, x_n$ 为节点的 x^k 的 n 次插值多项式; 右边 x^k 本身就是自己的 n 次插值多项式. 由插值多项式的唯一性可知左边等于右边.

7. 假设对函数 $f(x)$ 在步长为 h 的等距点上造表, 且 $|f''(x)| \leqslant M$, 证明: 在表中任意两点间做线性插值, 误差不超过 $\frac{1}{8}Mh^2$. 设 $f(x) = \sin x$, 问 h 应取多大才能保证线性插值的误差不大于 $\frac{1}{2} \times 10^{-6}$.

证: 线性插值余项为

$$R(x) = \frac{f''(\xi)}{2!}(x - x_0)(x - x_1),$$

如果 x 落在某两个等距节点 x_0 和 x_1 间, 则

$$|(x - x_0)(x - x_1)| \leqslant \frac{1}{4}(x_1 - x_0)^2.$$

因此,

$$|R(x)| = \frac{|f''(\xi)|}{2!} \frac{1}{4}(x_1 - x_0)^2 \leqslant \frac{Mh^2}{8}.$$

若 $f(x) = \sin x$, 可知 $|f''(x)| = |-\sin x| \leqslant 1$, 为保证误差不大于 $\frac{1}{2} \times 10^{-6}$, 步长 h 至少要满足 $h^2 \leqslant 4 \times 10^{-6}$, 即 $h \leqslant 2 \times 10^{-3}$.

8. 已知 $f(x) = x^8 + x^5 - 32$, 求 $f[3^0, 3^1, \cdots, 3^8]$, $f[3^0, 3^1, \cdots, 3^9]$.

解：因为对于任意节点 $x_0, x_1, \cdots, x_n$ 有

$$f[x_0, x_1, \cdots, x_n] = \frac{f^{(n)}(\xi)}{n!},$$

其中 ξ 是 $x_0, x_1, \cdots, x_n$ 所包含区间中的一个点. 因此,

$$f[3^0, 3^1, \cdots, 3^8] = \frac{f^{(8)}(\xi)}{8!} = 1,$$

并且

$$f[3^0, 3^1, \cdots, 3^9] = \frac{f^{(9)}(\xi)}{9!} = 0.$$

9. 设 $l_0(x), l_1(x), \cdots, l_n(x)$ 是以 $x_0, x_1, \cdots, x_n$ 为节点的 n 次基本插值多项式, 对 $n = 1$ 直接验证

$$\sum_{i=0}^{n} l_i(x) = 1,$$

然后对任意 n 值建立上述等式.

证：当 $n = 1$ 时, $l_0(x) = \frac{x - x_1}{x_0 - x_1}$, $l_1(x) = \frac{x - x_0}{x_1 - x_0}$, 所以 $l_0(x) + l_1(x) = 1$ 成立. 对于任意 n, 等式左边可以看成 $y = 1$ 的 n 次插值多项式, 右边本身就是自己的 n 次插值多项式, 由插值多项式的唯一性可知左边 = 右边.

10. 若函数 $f(x)$ 在 $[a, b]$ 上有四阶连续导数, 且已知函数 $f(x)$ 在 $[a, b]$ 的互异的节点 x_0, x_1, x_2 上的函数值以及节点 x_0 的一阶导数值如表 3-5 所示. 求一个三次埃尔米特插值多项式 $H(x)$, 使其满足

$$\begin{cases} H(x_i) = f(x_i), & i = 0, 1, 2, \\ H'(x_0) = f'(x_0). \end{cases}$$

并估计余项.

表 3-5 习题 10 中埃尔米特插值数据

x	0	1	2
$f(x)$	0	1	1
$f'(x)$	-3		

解：满足 $L(0) = 0, L(1) = 1, L(2) = 1$ 的二次 Lagrange 插值函数为

$$\begin{aligned} L(x) &= 0 \times \frac{(x-1)(x-2)}{(0-1)(0-2)} + 1 \times \frac{(x-0)(x-2)}{(1-0)(1-2)} + 1 \times \frac{(x-0)(x-1)}{(2-0)(2-1)} \\ &= -\frac{1}{2}x^2 + \frac{3}{2}x. \end{aligned}$$

令 $H(x) = L(x) + A(x - 0)(x - 1)(x - 2)$, 则

$$H'(0) = L'(0) + A(0 - 1)(0 - 2),$$

此即 $\frac{3}{2} + 2A = -3$, 解得 $A = -\frac{9}{4}$. 因此

$$H(x) = -\frac{1}{2}x^2 + \frac{3}{2}x - \frac{9}{4}(x - 0)(x - 1)(x - 2) = -\frac{9}{4}x^3 + \frac{25}{4}x^2 - 3x.$$

记 $\Pi(x) = (x-x_0)^2(x-x_1)(x-x_2)$, 注意到问题的插值条件, 我们把插值余项写为

$$R(x) = f(x) - H(x) = K(x)\Pi(x).$$

引进辅助函数 $\varphi(t) = f(t) - H(t) - K(x)\Pi(t)$, 视 x 为 (a,b) 上的一个固定点, 且 $x \neq x_i (i=0,1,2)$, 则 $\varphi(t)$ 在节点 x, x_0, x_1, x_2 上取值为 0. 根据罗尔 (Rolle) 定理, 在 $\varphi(t)$ 的任何两个零点之间必存在一点 η, 使 $\varphi'(\eta) = 0$, 记为 η_0, η_1, η_2. 于是 $\varphi'(x)$ 在 (a,b) 上至少零点 $x_0, \eta_0, \eta_1, \eta_2$. 对 $\varphi'(t), \varphi''(t), \cdots, \varphi^{(4)}(t)$ 反复运用罗尔定理, 最后推出, 在 (a,b) 上至少存在一个点 ξ, 使 $\varphi^{(4)}(\xi) = 0$, 而

$$\varphi^{(4)}(\xi) = f^{(4)}(\xi) - H^{(4)}(\xi) - K(x)\Pi^{(4)}(\xi),$$

式中, $H(x)$ 是次数不超过 3 的多项式, $\Pi(x)$ 是 4 次多项式, 所以 $H^{(4)}(\xi) = 0, \Pi^{(4)}(\xi) = 4!$, 于是

$$f^{(4)}(\xi) - K(x)4! = 0,$$

$$K(x) = \frac{f^{(4)}(\xi)}{4!},$$

代入式 $R(x)$ 得

$$R(x) = \frac{f^{(4)}(\xi)}{4!}\Pi(x),$$

其中 $\xi \in (a,b)$ 且依赖于 x.

11. 若函数 $f(x)$ 在 $[a,b]$ 上有五阶连续导数, 且已知函数 $f(x)$ 在 $[a,b]$ 的互异的节点 x_0, x_1, x_2 上的函数值以及节点 x_0, x_1 的一阶导数值如表 3-6 所示. 求一个四次埃尔米特插值多项式 $H(x)$, 使其满足

$$\begin{cases} H(x_i) = f(x_i), & i=0,1,2, \\ H'(x_i) = f'(x_i), & i=0,1. \end{cases}$$

并估计余项.

表 3-6   习题 11 中埃尔米特插值数据

x	0	1	2
$f(x)$	0	1	1
$f'(x)$	-3	9	

解一: 满足 $H_3(0)=0, H_3'(0)=-3, H_3(1)=1, H_3'(1)=9$ 的三次 Hermite 插值多项式为 $H_3(x) = 4x^3 - 3x$. 令 $H(x) = H_3(x) + A(x-0)^2(x-1)^2$, 有 $H(2) = 26 + 4A = 1$, 解得 $A = -\frac{25}{4}$. 所以

$$H(x) = 4x^3 - 3x - \frac{25}{4}x^2(x-1)^2 = -\frac{25}{4}x^4 + \frac{33}{2}x^3 - \frac{25}{4}x^2 - 3x.$$

解二: 由第 10 题可设 $H(x) = -\frac{9}{4}x^3 + \frac{25}{4}x^2 - 3x + A(x-0)^2(x-1)(x-2)$. 因此

$$H'(1) = -\frac{27}{4} + \frac{50}{4} - 3 + A(1-0)^2(1-2) = 9,$$

解得 $A = -\frac{25}{4}$, 代入可得

$$H(x) = 4x^3 - 3x - \frac{25}{4}x^2(x-1)^2 = -\frac{25}{4}x^4 + \frac{33}{2}x^3 - \frac{25}{4}x^2 - 3x.$$

解三： 构造差商表如表 3-7 所示

表 3-7 差商表

x_k	$f(x_k)$	一阶差商	二阶差商	三阶差商	四阶差商
0	0				
		-3			
0	0		4		
		1		4	
1	1		8		-25/4
		9		17/2	
1	1		-9		
		0			
2	1				

则插值多项式为

$$H(x) = 0 - 3(x-0) + 4(x-0)^2 + 4(x-0)^2(x-1) - \frac{25}{4}(x-0)^2(x-1)^2$$
$$= -\frac{25}{4}x^4 + \frac{33}{2}x^3 - \frac{25}{4}x^2 - 3x.$$

插值余项类似于第 10 题，略.

12. 确定 a,b,c,d，使得 f 是一个三次样条函数，且 $\int_0^2 [f''(x)]^2 \mathrm{d}x$ 最小：

$$f(x) = \begin{cases} 3 + x - 9x^3, & 0 \leqslant x \leqslant 1, \\ a + b(x-1) + c(x-1)^2 + d(x-1)^3, & 1 \leqslant x \leqslant 2. \end{cases}$$

解： 由于 $f(x)$ 是三次样条函数，所以必须满足

$$\begin{cases} f(1-) = f(1+), \\ f'(1-) = f'(1+), \\ f''(1-) = f''(1+), \end{cases}$$

可得

$$\begin{cases} a = -5, \\ b = -26, \\ c = -27. \end{cases}$$

因为 $f''(x) = 2c + 6d(x-1) = 6((x-1)d - 9)$，由于 $\int_0^2 [f''(x)]^2 \mathrm{d}x$ 最小，所以

$$\frac{1}{36} \int_1^2 [f''(x)]^2 \mathrm{d}x = \int_1^2 (x-1)^2 d^2 - 18(x-1)d + 81 \mathrm{d}x = \frac{1}{3}d^2 - 9d + 81,$$

最小化可得 $d = \frac{27}{2}$. 最后得到

$$f(x) = \begin{cases} 3 + x - 9x^3, & 0 \leqslant x \leqslant 1, \\ -5 - 26(x-1) - 27(x-1)^2 + \frac{27}{2}(x-1)^3, & 1 \leqslant x \leqslant 2. \end{cases}$$

13. 用笔算找出表 3-8 的自然三次样条插值.

表 3-8

x	1	2	3	4	5
y	0	1	0	1	0

解：利用自然样条的三弯矩方程. 首先有 $d_1 = 6f[1,2,3] = -6$, 同理 $d_2 = 6$, $d_3 = -6$. 关于参数 M_1, M_2, M_3 的三弯矩方程为

$$
\begin{pmatrix} 2 & \frac{1}{2} & 0 \\ \frac{1}{2} & 2 & \frac{1}{2} \\ 0 & \frac{1}{2} & 2 \end{pmatrix} \begin{pmatrix} M_1 \\ M_2 \\ M_3 \end{pmatrix} = \begin{pmatrix} -6 \\ 6 \\ -6 \end{pmatrix},
$$

解这个方程组得

$$
M_1 = -\frac{30}{7}, \quad M_2 = \frac{36}{7}, \quad M_3 = -\frac{30}{7}.
$$

代回样条表达式中得到

$$
s(x) = \begin{cases} -\dfrac{5}{7}(x-1)^3 + \dfrac{12}{7}(x-1), & x \in [1,2], \\[2mm] -\dfrac{5}{7}(3-x)^3 + \dfrac{6}{7}(x-2)^3 + \dfrac{12}{7}(3-x) - \dfrac{6}{7}(x-2), & x \in [2,3], \\[2mm] \dfrac{6}{7}(4-x)^3 - \dfrac{5}{7}(x-3)^3 - \dfrac{6}{7}(4-x) + \dfrac{12}{7}(x-3), & x \in [3,4], \\[2mm] -\dfrac{5}{7}(5-x)^3 + \dfrac{12}{7}(5-x), & x \in [4,5], \end{cases}
$$

或者写成统一的形式, 得

$$
s(x) = \begin{cases} -\dfrac{5}{7}(x-1)^3 + \dfrac{12}{7}(x-1), & x \in [1,2], \\[2mm] -\dfrac{11}{7}(x-2)^3 - \dfrac{15}{7}(x-2)^2 - \dfrac{3}{7}(x-2) + 1, & x \in [2,3], \\[2mm] -\dfrac{11}{7}(x-3)^3 + \dfrac{18}{7}(x-3)^2, & x \in [3,4], \\[2mm] \dfrac{5}{7}(x-4)^3 - \dfrac{15}{7}(x-4)^2 + \dfrac{3}{7}(x-4) + 1, & x \in [4,5]. \end{cases}
$$

14. 找出节点 $-1, 0, 1$ 上的三次样条 $s(x)$, 使得 $s''(-1) = s''(1) = 0$, $s(-1) = s(1) = 0$ 和 $s(0) = 1$.

解：$M_0 = s''(-1) = 0, M_2 = s''(1) = 0, 2M_1 = -6$ 得 $M_1 = -3$. 代回自然样条的公式得到

$$
s(x) = \begin{cases} -\dfrac{1}{2}(x+1)^3 + \dfrac{3}{2}(x+1), & x \in [-1,0], \\[2mm] -\dfrac{1}{2}(1-x)^3 + \dfrac{3}{2}(1-x), & x \in [0,1]. \end{cases}
$$

可以看到, 这是一个偶函数.

§3.2 数值实验三

1. 找出函数 $\arctan x$ 在区间 $[1,6]$ 的 11 个等距点上插值的 10 次多项式, 打印出这个多项式的牛顿形式中的系数. 计算并打印这个多项式与 $\arctan x$ 之差在区间 $[0,8]$ 的 33 个等距点上的值. 由此能得出什么结论?

解: 编程如下, 并在图 3-1 中直接显示插值多项式和函数 $\arctan x$ 在各点上的值.

```
function ex31
    n = 11;
    x = linspace(1,6,n)';
    h = (6-1)/(n-1);
    y = atan(x);
% form the differences table
    for j = 2:n,
        y(1:n+1-j,j) = diff(y(1:n+2-j,j-1)) / ((j-1)*h);
    end
% newton coeff
    y = y(1,:);
    format long e
    fprintf('\nthe coefficients of Newton interpolation is:\n\n');
    fprintf('%12.9f ',y);
    pz = [ ];
    v  = linspace(0,8,33);
    for t = v,
        z = y(n);
        for j = n-1:-1:1,
            z = z * ( t - x(j) ) + y(j);
        end
        pz = [pz z];
    end
    plot(v,pz,'g*-',v,atan(v),'b+:');
    fprintf('\n        xi          p(xi)        atan(xi)        error\n');
    for j = 1:length(v),
        fprintf('%12.6f%12.6f%12.6f%12.6f\n',...
            v(j),pz(j),atan(v(j)),abs( pz(j)-atan(v(j)) ) );
    end
```

从图像上或从打印出的数据, 都可以看到在原来的区间 $[1,6]$ 中, 各节点上插值多项式和函数 $\arctan x$ 的值相差很小, 而在区间外相差较大. 因此可以得出结论: 一般地, 内插的效果要比外插好.

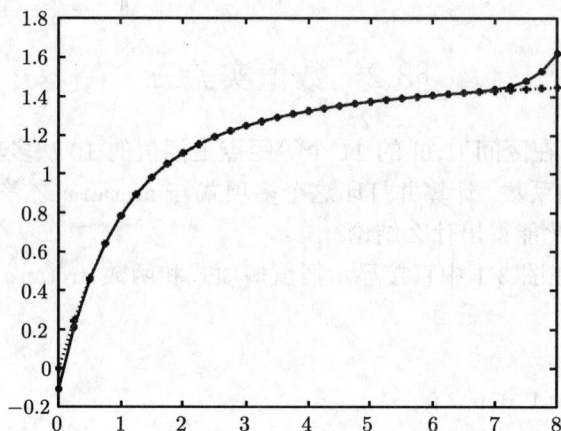

图 3-1

2. 检验教材中给出的决定差商表的程序. 例如, 计算出表 3-9 的差商, 并由此找出表 3-9 的
插值多项式.

表 3-9

x	1	2	3	−4	5
y	2	48	272	1182	2262

解: 把教材中的程序存为名字为 chashang.m 的文件, 并在命令行中运行

```
>> x = [1 2 3 -4 5]';
>> y = [2 48 272 1182 2262]';
>> [p,q] = chashang(x,y)
```

则系统显示

```
p =

    1       2      46      89       6       4
    2      48     224      59      22       0
    3     272    -130     125       0       0
   -4    1182     120       0       0       0
    5    2262       0       0       0       0
```

和

```
q =

    2      46      89       6       4
```

所以这个插值多项式为

$$p(x) = 2 + 46(x-1) + 89(x-1)(x-2) + 6(x-1)(x-2)(x-3)$$
$$+ 4(x-1)(x-2)(x-3)(x+4)$$

或

$$p(x) = (((4(x+4)+6)(x-3)+89)(x-2)+46)(x-1)+2.$$

3. 使用区间 $[-5,5]$ 上的 21 个等距节点, 找出函数 $f(x) = (x^2+1)^{-1}$ 的 20 阶插值多项式
$p(x)$. 打印出 $f(x)$ 和 $p(x)$ 的图形, 观察 $f(x)$ 和 $p(x)$ 的最大偏差.

解: 编程如下:

```
function y = ex32
    n = 21;
    x = linspace(-5,5,n)';
    h = (5-(-5))/(n-1);
    y = 1./(1+x.^2);
% form the differences table
    for j = 2:n,
        y(1:n+1-j,j) = diff(y(1:n+2-j,j-1))./(x(j:n)-x(1:n+1-j));
    end
% newton coeff
    y  = y(1,:);
    pz = [ ];
    v  = linspace(-5,5,80);
    for t = v,
        z = y(n);
        for j = n-1:-1:1,
            z = z * ( t - x(j) ) + y(j);
        end
        pz = [pz z];
    end
    plot(v,pz,'r+-',v,1./(1+v.^2),'g--');
```

则可以看到如 3-2 所示的图形: (右边是区间 $[-4, 4]$ 上的图形). 可以看到, 区间 $[-2.5, 2.5]$ 之内的部分两个函数非常靠近, 而最大偏差在 ± 4.8 附近, 偏差约达 60.

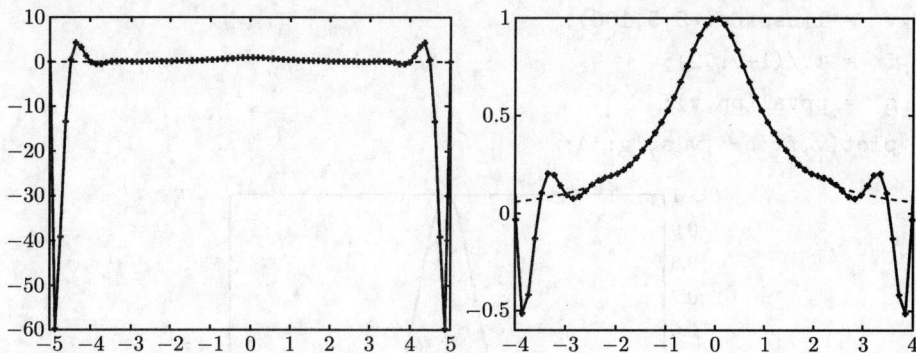

图 3-2

4. 在计算机上, 对上一题使用切比雪夫节点 $x_i = 5\cos(i\pi/20)$, $0 \leqslant i \leqslant 20$, 找出函数 $f(x) = (x^2 + 1)^{-1}$ 的 20 阶插值多项式 $q(x)$. 打印出 $f(x)$ 和 $q(x)$ 的图形. 由上一题和本题, 你能得出什么结论?

解：编程时只需把上一题中第三行的 `x = linspace(-5,5,n)';` 改为

```
x = 5*cos(pi/(n-1)*(0:n-1)');
```

运行后可以看到如图 3-3 所示的图形. 可以看到函数逼近的效果相当好. 这说明了切比雪夫节点的性质非常好, 见教材定理及其后的说明.

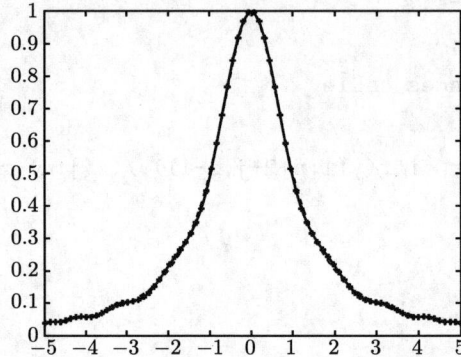

图 3-3

5. 找出函数 $f(x) = (x^2+1)^{-1}$ 在区间 $[-5,5]$ 上的 41 个等距节点的三次样条函数 $s(x)$, 打印出 $f(x)$ 和 $s(x)$ 的图形.

解：易求得 $f'(x) = \dfrac{-2x}{(1+x^2)^2}$, 因此 $f'(\pm 5) = \mp \dfrac{5}{338}$. 编程如下, 并且从图 3-4 可以看出三次样条逼近的效果很好.

```
function ex35
    x = linspace(-5,5,41);
    y = 1./(1+x.^2);
    y = [5/338 y -5/338];
    pp = csape(x,y,'complete');
    v  = linspace(-5,5,100);
    f  = 1./(1+v.^2);
    s  = ppval(pp,v);
    plot(v,f,'b-',v,s,'g:');
```

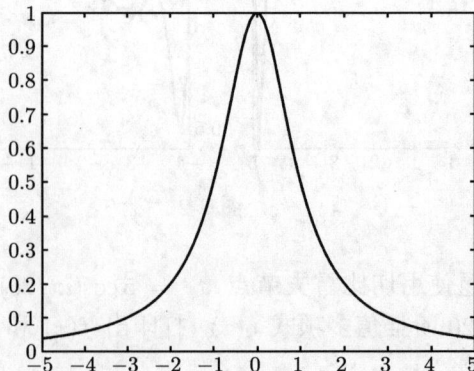

图 3-4

第4章 函数逼近

§4.1 习 题 四

1. 求下列函数在区间 $[-1, 1]$ 上的线性最佳一致逼近多项式:

(1) $f(x) = x^2 + 3x - 5$;

(2) $f(x) = e^x$.

解: (1) $f''(x) = 2 > 0$ 定号. 可令 $x_1 = -1$ 和 $x_3 = 1$, 则 $f(x_1) = -7$ 和 $f(x_3) = -1$. 令 $f'(x_2) = 2x_2 + 3 = \dfrac{(-1) - (-7)}{1 - (-1)} = 3$, 解得 $x_2 = 0$, $f(x_2) = -5$. 设连节点 $(x_1, f(x_1))$ 和 点 $(x_2, f(x_2))$ 的线段的中点为 $(\bar{x}, \bar{y})$, 则 $\bar{x} = (-1 + 0)/2 = -\frac{1}{2}$, $\bar{y} = (-7 - 5)/2 = -6$. 线性最佳一致逼近是直线 $y + 6 = 3\left(x + \frac{1}{2}\right)$, 即线性最佳一致逼近多项式为 $p_1(x) = 3\left(x + \frac{1}{2}\right) - 6$.

(2) $f''(x) = e^x > 0$ 定号. 可令 $x_1 = -1$ 和 $x_3 = 1$, 则 $f(x_1) = 0.367\,88$ 和 $f(x_3) = 2.718\,28$. 令 $f'(x_2) = e^{x_2} = \dfrac{2.718\,28 - 0.367\,88}{1 - (-1)} = 1.175\,20$, 解得 $x_2 = 0.161\,44$, $f(x_2) = 1.175\,20$. 设点 $(x_1, f(x_1))$ 和点 $(x_2, f(x_2))$ 的线段的中点为 $(\bar{x}, \bar{y})$, 则 $\bar{x} = (-1 + 0.161\,44)/2 = -0.419\,28$, $\bar{y} = (0.367\,88 + 1.17520)/2 = 0.771\,54$. 线性最佳一致逼近是直线 $y - 0.771\,54 = 1.175\,20(x + 0.419\,28)$, 即线性最佳一致逼近多项式为 $p_1(x) = 1.175\,20x + 1.265\,67$. 如图 4-1 所示.

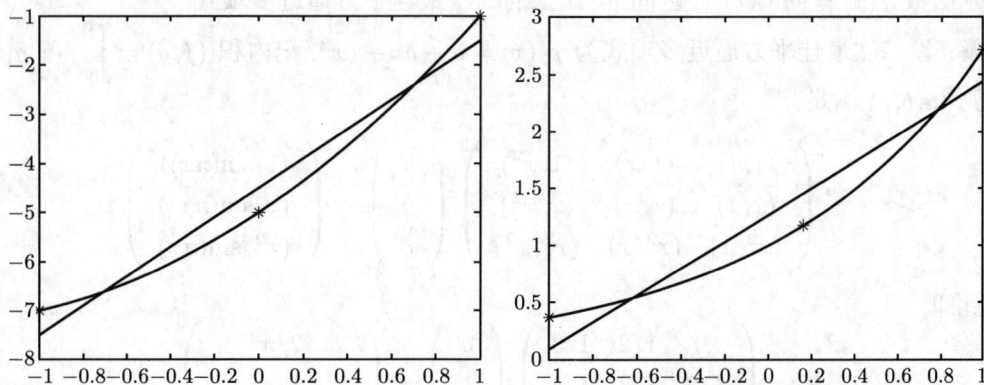

图 4-1 函数 $x^2 + 3x - 5$ 和 e^x 在 $[-1, 1]$ 上的线性最佳一致逼近

2. 令 M 和 m 分别代表连续函数 $f(x)$ 在区间 $[a, b]$ 上的最大值和最小值. 证明 $f(x)$ 在 $[a, b]$ 上的零次最佳一致逼近多项式 $p(x) = \frac{1}{2}(M + m)$.

证: 由闭区间上连续函数的性质, 有 $x_1, x_2 \in [a, b]$ 使得 $f(x_1) = m$, $f(x_2) = M$. 则

$$f(x_1) - p(x_1) = -\frac{1}{2}(M - m), \quad f(x_2) - p(x_2) = \frac{1}{2}(M - m).$$

而对于所有 $x \in [a,b]$, $|f(x) - p(x)| \leqslant \frac{1}{2}(M - m)$, 所以 x_1, x_2 是 $p(x)$ 关于 $f(x)$ 的偏差点. 由切比雪夫定理, $p(x)$ 是 $f(x)$ 的零次最佳一致逼近多项式.

3. 试分别求函数 $f(x) = \sqrt{1 + x^2}$ 在区间 $[0,1]$ 上的一次最佳一致逼近多项式和一次最佳平方逼近多项式.

解: 先求一次最佳一致逼近多项式.

$f''(x) = \dfrac{1}{(1 + x^2)^{3/2}} > 0$ 定号. 可令 $x_1 = 0$ 和 $x_3 = 1$, 则 $f(x_1) = 1$ 和 $f(x_3) = \sqrt{2}$.

令 $f'(x_2) = \dfrac{x_2}{\sqrt{1 + x_2^2}} = \dfrac{\sqrt{2} - 1}{1 - 0} = 0.414\,2$, 解得 $x_2 = 0.455\,09$, $f(x_2) = 1.098\,68$. 设连结 $(x_1, f(x_1))$ 和 $(x_2, f(x_2))$ 的线段中点为 $(\bar{x}, \bar{y})$, 则 $\bar{x} = (0 + 0.455\,09)/2 = 0.227\,545$, $\bar{y} = (1 + 1.098\,68)/2 = 1.049\,34$. 线性最佳一致逼近是直线 $y - 1.049\,34 = 0.414\,2(x - 0.227\,545)$, 即线性最佳一致逼近多项式为 $p_1(x) = 0.414\,2x + 0.955\,14$.

求一次最佳平方逼近多项式如下.

令 $y = a + bx$, 则 $(a,b)^{\mathrm{T}}$ 满足方程

$$\begin{pmatrix} (1,1) & (1,x) \\ (x,1) & (x,x) \end{pmatrix} \begin{pmatrix} a \\ b \end{pmatrix} = \begin{pmatrix} (1,f) \\ (x,f) \end{pmatrix},$$

其中任意两个函数的内积为 $(f,g) = \int_0^1 f(x)g(x)\mathrm{d}x$. 此即

$$\begin{pmatrix} 1.000\,0 & 0.500\,0 \\ 0.500\,0 & 0.333\,3 \end{pmatrix} \begin{pmatrix} a \\ b \end{pmatrix} = \begin{pmatrix} 1.147\,8 \\ 0.426\,9 \end{pmatrix}.$$

由上式解得 $a = 0.934\,3$, $b = 0.426\,9$. 一次最佳平方逼近多项式为 $p_1(x) = 0.426\,9x + 0.934\,3$.

4. 求函数 $f(x) = \sin(\pi x)$ 在区间 $[0,1]$ 上的二次最佳平方逼近多项式.

解: 设二次最佳平方逼近多项式为 $p_2(x) = a + bx + cx^2$, 记内积 $(f,g) = \displaystyle\int_0^1 f(x)g(x)\mathrm{d}x$, 则 (a,b,c) 满足

$$\begin{pmatrix} (1,1) & (1,x) & (1,x^2) \\ (x,1) & (x,x) & (x,x^2) \\ (x^2,1) & (x^2,x) & (x^2,x^2) \end{pmatrix} \begin{pmatrix} a \\ b \\ c \end{pmatrix} = \begin{pmatrix} (1,\sin(\pi x)) \\ (x,\sin(\pi x)) \\ (x^2,\sin(\pi x)) \end{pmatrix},$$

此即

$$\begin{pmatrix} 1 & 1/2 & 1/3 \\ 1/2 & 1/3 & 1/4 \\ 1/3 & 1/4 & 1/5 \end{pmatrix} \begin{pmatrix} a \\ b \\ c \end{pmatrix} = \begin{pmatrix} 2/\pi \\ 1/\pi \\ (\pi^2 - 4)/\pi^3 \end{pmatrix}.$$

由上式解得 $a = \dfrac{12\pi^2 - 20}{\pi^3} \approx -0.050\,465$, $b = -\dfrac{60\pi^2 - 720}{\pi^3} \approx 4.122\,5$, $c = -b \approx -4.122\,5$. 因此二次最佳平方逼近多项式为

$$p_2(x) = -0.050\,465 + 4.122\,5x - 4.122\,5x^2.$$

5. 用最小二乘法, 找出形如 $y = ax^2 + b$ 的抛物线方程, 使之最佳地代表表 4-1 数据.

表 4-1

x	-1	0	1
y	3.1	0.9	2.9

解：法方程为

$$\begin{pmatrix} \sum\limits_{i=0}^{2}1 & \sum\limits_{i=0}^{2}x_i^2 \\ \sum\limits_{i=0}^{2}x_i^2 & \sum\limits_{i=0}^{2}x_i^4 \end{pmatrix}\begin{pmatrix} b \\ a \end{pmatrix}=\begin{pmatrix} \sum\limits_{i=0}^{2}y_i \\ \sum\limits_{i=0}^{2}x_i^2y_i \end{pmatrix},$$

即

$$\begin{pmatrix} 3 & 2 \\ 2 & 2 \end{pmatrix}\begin{pmatrix} b \\ a \end{pmatrix}=\begin{pmatrix} 6.9 \\ 6 \end{pmatrix},$$

解得 $a=2.1$, $b=0.9$. 所以最小二乘所得的抛物线方程为 $y=2.1x^2+0.9$.

6. 证明：如果用最小二乘法使一条直线拟合数据表 (x_i,y_i), 那么这条直线必通过点 (x^*,y^*), 这里 x^* 和 y^* 分别是 x_i 和 y_i 的平均值.

证：设直线 $y=ax+b$ 是用最小二乘法拟合数据表 (x_i,y_i) 所得的直线, 则 a,b 使得函数

$$f(a,b)=\sum_i(y_i-ax_i-b)^2$$

取到最小值. 令 $\dfrac{\partial f}{\partial b}=0$, 可得 $2\sum_i(y_i-ax_i-b)=0$. 两边同除以数据的个数 n, 则有 $2(y^*-ax^*-b)=0$, 即 (x^*,y^*) 在该直线上. 得证.

7. 已知液体的粘性度 V 随温度按照 $V=a+bT+cT^2$ 变化, 利用表 4-2 的数值, 找出 a,b 和 c 的最佳值.

表 4-2

T	1	2	3	4	5	6	7
V	2.31	2.21	1.80	1.66	1.55	1.47	1.41

解：法方程为

$$\begin{pmatrix} \sum\limits_{i=1}^{7}1 & \sum\limits_{i=1}^{7}T_i & \sum\limits_{i=1}^{7}T_i^2 \\ \sum\limits_{i=1}^{7}T_i & \sum\limits_{i=1}^{7}T_i^2 & \sum\limits_{i=1}^{7}T_i^3 \\ \sum\limits_{i=1}^{7}T_i^2 & \sum\limits_{i=1}^{7}T_i^3 & \sum\limits_{i=1}^{7}T_i^4 \end{pmatrix}\begin{pmatrix} a \\ b \\ c \end{pmatrix}=\begin{pmatrix} \sum\limits_{i=1}^{7}V_i \\ \sum\limits_{i=1}^{7}T_iV_i \\ \sum\limits_{i=1}^{7}T_i^2V_i \end{pmatrix},$$

即

$$\begin{pmatrix} 7 & 28 & 140 \\ 28 & 140 & 784 \\ 140 & 784 & 4676 \end{pmatrix}\begin{pmatrix} a \\ b \\ c \end{pmatrix}=\begin{pmatrix} 12.21 \\ 44.81 \\ 213.87 \end{pmatrix},$$

解得 $(a,b,c)=(2.592\,9,-0.325\,83,0.022\,74)$, 此即参数 a,b,c 的最佳值.

8. 找出形如 $a\sin\pi x+b\cos\pi x$ 的函数, 使之在最小二乘的意义下拟合表 4-3 中的数据点.

表 4-3

x	-1	$-\frac{1}{2}$	0	$\frac{1}{2}$	1
y	-1	0	1	2	1

解： 法方程为

$$\begin{pmatrix} \sum\limits_{i=1}^{5} \sin^2 \pi x_i & \sum\limits_{i=1}^{5} \sin \pi x_i \cos \pi x_i \\ \sum\limits_{i=1}^{5} \sin \pi x_i \cos \pi x_i & \sum\limits_{i=1}^{5} \cos^2 \pi x_i \end{pmatrix} \begin{pmatrix} a \\ b \end{pmatrix} = \begin{pmatrix} \sum\limits_{i=1}^{5} y_i \sin \pi x_i \\ \sum\limits_{i=1}^{5} y_i \cos \pi x_i \end{pmatrix},$$

即

$$\begin{pmatrix} 2 & 0 \\ 0 & 3 \end{pmatrix} \begin{pmatrix} a \\ b \end{pmatrix} = \begin{pmatrix} 2 \\ 1 \end{pmatrix}.$$

解得 $(a, b) = (1, 1/3)$.

§4.2 数值实验四

1. 已知液体的表面张力 s 是温度 T 的线性函数 $s = aT + b$. 对某种液体有表 4-4 的试验数据. 试用最小二乘法确定系数 a, b.

表 4-4

T	0	10	20	30	40	80	90	95
s	68.0	67.1	66.4	65.6	64.6	61.8	61.0	60.0

解： 编程如下：

```
function [a,b]=ex41
    T = [0 10 20 30 40 80 90 95]';
    s = [68.0 67.1 66.4 65.6 64.6 61.8 61.0 60.0]';
    z = [T ones(8,1)]\s;
    a = z(1);
    b = z(2);
    v = linspace(0,95,100);
    plot(T,s,'b-+',v,a*v+b,'k-');
```

求得 $a = -0.079\,9$ 和 $b = 67.959\,3$.

2. 拟合形如 $f(x) \approx \dfrac{a+bx}{1+cx}$ 的函数的一种快速方法是将最小二乘法用于下列问题：$f(x)(1+cx) \approx a + bx$, 试用这一方法拟合表 4-5 给出的中国人口数据.

表 4-5

次序	年份	人口 (亿)
第一次	1953	5.82
第二次	1964	6.95
第三次	1982	10.08
第四次	1990	11.34
第五次	2000	12.66

解: 把方程 $f(x)(1 + cx) \approx a + bx$ 进一步变形为 $a + bx - cxf(x) \approx f(x)$, 这个近似方程可以看成基函数是 $1, x, -xf(x)$ 而数据为 $(x_i, f(x_i))$ 的最小二乘拟合问题. 编程如下:

```
function [a,b,c]=ex42
    x = [1953 1964 1982  1990  2000]';
    y = [5.82 6.95 10.08 11.34 12.66]';
    A = [ones(5,1) x -x.*y];
    z = A\y;
    a = z(1);
    b = z(2);
    c = z(3);
    v = linspace(1953,2000,100);
    plot(x,y,'b-+',v,(a+b*v)./(1+c*v),'k-');
```

求得的解为 $a = 2.945\ 6$, $b = -0.001\ 4$, $c = -0.000\ 495\ 60$.

3. 给出一张记录 $\{f_k\} = (4, 3, 2, 1, 0, 1, 2, 3)$, 用 FFT 算法求出 $\{f_k\}$ 的离散谱 $\{C_k\}$.

解: 在 MATLAB 上运行如下命令:

```
>> f =[4:-1:1 0:3];
>> c = fft(f)
c =
   16.0000   6.8284   0   1.1716   0   1.1716   0   6.8284
```

结果即为 $\{f_k\}$ 的离散谱.

第5章 数值积分与数值微分

§5.1 习 题 五

1. 确定下列求积公式中的待定参数, 使其代数精度尽量高, 并指出所得求积公式的代数精度:

$$(1) \qquad \int_0^1 f(x)\,dx \approx A_0 f\left(\frac{1}{4}\right) + A_1 f\left(\frac{1}{2}\right) + A_2 f\left(\frac{3}{4}\right);$$

$$(2) \qquad \int_0^{2h} f(x)\,dx \approx A_0 f(0) + A_1 f(h) + A_2 f(2h);$$

$$(3) \qquad \int_{-1}^1 f(x)\,dx \approx A[f(-1) + 2f(x_1) + 3f(x_2)];$$

$$(4) \qquad \int_0^2 f(x)\,dx \approx A_0 f(0) + \frac{4}{3}f(x_1) + A_2 f(x_2).$$

解: (1) 令 $f(x) = 1, x, x^2$, 代入积分公式, 有

$$\begin{cases} A_0 + A_1 + A_2 = 1 \\ \dfrac{1}{4}A_0 + \dfrac{1}{2}A_1 + \dfrac{3}{4}A_2 = \dfrac{1}{2} \\ \dfrac{1}{16}A_0 + \dfrac{1}{4}A_1 + \dfrac{9}{16}A_2 = \dfrac{1}{3} \end{cases}$$

解得 $A_0 = A_2 = \dfrac{2}{3}$, $A_1 = -\dfrac{1}{3}$. 因此, 求积公式为

$$\int_0^1 f(x)\,dx \approx \frac{2}{3}f\left(\frac{1}{4}\right) - \frac{1}{3}f\left(\frac{1}{2}\right) + \frac{2}{3}f\left(\frac{3}{4}\right).$$

为确定求积公式的代数精度, 令 $f(x) = x^3$ 代入上面式子的两边, 得到左边 $= \dfrac{1}{4}$, 右边 $= \dfrac{1}{64}A_0 + \dfrac{1}{8}A_1 + \dfrac{27}{64}A_2 = \dfrac{1}{4}$, 左右两边相等. 令 $f(x) = x^4$ 代入得, 左边 $= \dfrac{1}{5}$, 右边 $= \dfrac{37}{192}$, 左右不等. 所以求积公式的代数精度为 3.

(2) 由于要确定三个待定参数 $A_i(i = 0, 1, 2)$, 故分别令 $f(x) = 1, x, x^2$, 使求积公式两边相等, 从而得到方程组

$$\begin{cases} A_0 + A_1 + A_2 = 2h \\ \quad\ hA_1 + 2hA_2 = 2h^2 \\ \quad\ h^2 A_1 + 4h^2 A_2 = \dfrac{8}{3}h^3 \end{cases}$$

解得 $A_0 = A_2 = \dfrac{1}{3}h$, $A_1 = \dfrac{4}{3}h$. 因此, 求积公式为

$$\int_0^{2h} f(x)\,dx \approx \frac{1}{3}hf(0) + \frac{4}{3}hf(h) + \frac{1}{3}hf(2h).$$

为确定求积公式的代数精度, 令 $f(x) = x^3$ 代入上面式子的两边, 得到左边 $= \dfrac{(2h)^4}{4} =$ $4h^4$, 右边 $= \dfrac{4}{3}h^4 + \dfrac{8}{3}h^4 = 4h^4$, 左右两边相等. 令 $f(x) = x^4$ 代入得, 左边 $= \dfrac{(2h)^5}{5} =$ $\dfrac{32}{5}h^5$, 右边 $= \dfrac{4}{3}h^5 + \dfrac{16}{3}h^5 = \dfrac{20}{3}h^5$, 左右不等. 所以求积公式的代数精度为 3.

(3) 分别将 $f(x) = 1, x, x^2$ 代入求积公式两边, 使之相等, 便得方程组:

$$\begin{cases} 6A = 2 \\ A(-1 + 2x_1 + 3x_2) = 0 \\ A(1 + 2x_1^2 + 3x_2^2) = \dfrac{2}{3} \end{cases}$$

解出 $A = \dfrac{1}{3}$, $x_1 = \dfrac{1}{5}(1 \pm \sqrt{6})$, $x_2 = \dfrac{1}{15}(3 \mp 2\sqrt{6})$. 为确定代数精度, 我们令 $f(x) = x^3$, 左边 $= 0$,

$$右边 = \dfrac{1}{3}\left(-1 + 2\left(\dfrac{1 \pm \sqrt{6}}{5}\right)^3 + 3\left(\dfrac{3 \mp 2\sqrt{6}}{15}\right)^3\right)$$

$$= \dfrac{1}{3}\left(-1 + \dfrac{2}{15^3}\left(27 \pm 81\sqrt{6} + 81 \times 6 \pm 27 \times 6\sqrt{6}\right)\right.$$

$$\left. + \dfrac{3}{15^3}\left(27 \mp 54\sqrt{6} + 36 \times 6 \mp 8 \times 6\sqrt{6}\right)\right)$$

$$\neq 0,$$

所以代数精度为 2.

(4) 分别令 $f(x) = 1, x, x^2, x^3$ 代入求积公式两边, 使之相等, 得方程组:

$$\begin{cases} A_0 + \dfrac{4}{3} + A_2 = 2 \\ + \dfrac{4}{3}x_1 + A_2 x_2 = 2 \\ + \dfrac{4}{3}x_1^2 + A_2 x_2^2 = \dfrac{8}{3} \\ + \dfrac{4}{3}x_1^3 + A_2 x_2^3 = 4, \end{cases}$$

第三式减去第二式乘以 x_2, 得到

$$\dfrac{4}{3}x_1(x_1 - x_2) = \dfrac{8}{3} - 2x_2,$$

第四式减去第三式乘以 x_2, 得到

$$\dfrac{4}{3}x_1^2(x_1 - x_2) = 4 - \dfrac{8}{3}x_2,$$

所以我们得到方程组

$$\begin{cases} \dfrac{4}{3}x_1(x_1 - x_2) = \dfrac{8}{3} - 2x_2, \\ \dfrac{4}{3}x_1^2(x_1 - x_2) = 4 - \dfrac{8}{3}x_2. \end{cases}$$

因此, $4 - \dfrac{8}{3}x_2 = \left(\dfrac{8}{3} - 2x_2\right)x_1$, 即 $x_1 x_2 = \dfrac{4}{3}(x_1 + x_2) - 2$. 把 $x_1 x_2$ 代入上面方程组的第

一个方程, 化简得到

$$x_2 = 8x_1 - 6x_1^2,$$

再代入 $x_1 x_2 = \frac{4}{3}(x_1 + x_2) - 2$, 有

$$3x_1^3 - 8x_1^2 + 6x_1 - 1 = 0.$$

解出 $x_1 = 1$, $x_1 = \frac{1}{6}(5 \pm \sqrt{13})$, 从而得 $x_2 = 2$, $x_2 = \frac{1}{3}(1 \mp \sqrt{13})$ 及 $A_0 = \frac{1}{3}$, $A_0 = \frac{1}{6}(1 \pm \sqrt{13})$ 和 $A_2 = \frac{1}{3}$, $A_2 = \frac{1}{6}(3 \mp \sqrt{13})$, 即方程组有三组解

$$(A_0, A_2, x_1, x_2) = \left(\frac{1}{3}, \frac{1}{3}, 1, 2\right), \frac{1}{6}\left(1 \pm \sqrt{13}, 3 \mp \sqrt{13}, 5 \pm \sqrt{13}, 2 \mp 2\sqrt{13}\right).$$

经检验求积公式的代数精度皆为 3.

2. 推导下列三种求积公式及相应误差:

(1)
$$\int_a^b f(x)\,\mathrm{d}x = (b-a)f(a) + \frac{1}{2}f'(\xi)(b-a)^2;$$

(2)
$$\int_a^b f(x)\,\mathrm{d}x = (b-a)f(b) - \frac{1}{2}f'(\zeta)(b-a)^2;$$

(3)
$$\int_a^b f(x)\,\mathrm{d}x = (b-a)f\left(\frac{a+b}{2}\right) + \frac{1}{24}f''(\eta)(b-a)^3.$$

解: 将 $f(x)$ 在 $x = a$ 处展开

$$f(x) = f(a) + f'(\xi)(x-a), \qquad \xi \in (a,b)$$

再积分, 并利用积分中值定理

$$\int_a^b f(x)\,\mathrm{d}x = \int_a^b f(a)\,\mathrm{d}x + \int_a^b f'(\xi)(x-a)\,\mathrm{d}x$$

$$= (b-a)f(a) + f'(\eta)\int_a^b (x-a)\,\mathrm{d}x$$

$$= (b-a)f(a) + \frac{1}{2}f'(\eta)(b-a)^2, \qquad \eta \in (a,b).$$

此积分公式称为左矩形公式. 利用 $\int_a^b f(x)\mathrm{d}x = \int_a^b f(a+b-y)\mathrm{d}y$ 和公式 (1) 的结论即得公式 (2).

下面再推导中矩形公式 (3). 将 $f(x)$ 在 $x = \frac{1}{2}(a+b)$ 处展开,

$$f(x) = f\left(\frac{a+b}{2}\right) + f'\left(\frac{a+b}{2}\right)\left(x - \frac{a+b}{2}\right) + \frac{1}{2}f''(\xi)\left(x - \frac{a+b}{2}\right)^2, \ \xi \in (a,b),$$

两边积分, 利用积分中值定理可得

$$\int_a^b f(x)\,\mathrm{d}x = (b-a)f\left(\frac{a+b}{2}\right) + f'\left(\frac{a+b}{2}\right)\int_a^b \left(x - \frac{a+b}{2}\right)\mathrm{d}x$$

$$+ \frac{1}{2}\int_a^b f''(\xi)\left(x - \frac{a+b}{2}\right)^2 \mathrm{d}x$$

$$= (b-a)f\left(\frac{a+b}{2}\right) + \frac{1}{24}f''(\eta)(b-a)^3,$$

其中 $\eta \in (a, b)$.

3. 设 $f(x) \in C^6[-1, 1]$, $p(x)$ 为 $f(x)$ 的 5 次埃尔米特插值多项式, 它满足:

$$p(x_i) = f(x_i), \quad p'(x_i) = f'(x_i), \quad x_i = -1, 0, 1.$$

(1) 证明

$$\int_{-1}^{1} p(x)\,\mathrm{d}x = \frac{7}{15}f(-1) + \frac{16}{15}f(0) + \frac{7}{15}f(1) + \frac{1}{15}f'(-1) - \frac{1}{15}f'(1);$$

(2) 证明积分公式

$$\int_{-1}^{1} f(x)\,\mathrm{d}x \approx \frac{7}{15}f(-1) + \frac{16}{15}f(0) + \frac{7}{15}f(1) + \frac{1}{15}f'(-1) - \frac{1}{15}f'(1)$$

具有 5 次代数精度, 并推导误差;

(3) 对给定的区间 $[a, b]$, 做划分: $x_i = a + ih$, $i = 0, 1, \cdots, 2n$, $h = \dfrac{b-a}{2n}$, 利用公式 (2) 中的求积公式推导相应的复合求积公式及误差.

解: (1) 在埃尔米特插值多项式表达式中取 $x_0 = -1$, $x_1 = 0$, $x_2 = 1$, 则得

$$p(x) = [1 - 2l_0'(-1)(x+1)]l_0^2(x)f(-1) + [1 - 2l_1'(0)(x-0)]l_1^2(x)f(0)$$
$$+ [1 - 2l_2'(1)(x-1)]l_2^2(x)f(1) + (x+1)l_0^2(x)f'(-1)$$
$$+ (x-0)l_1^2(x)f'(0) + (x-1)l_2^2(x)f'(1),$$

两边积分, 并注意到

$$l_0(x) = \frac{1}{2}x(x-1), \quad l_1(x) = -(x+1)(x-1), \quad l_2(x) = \frac{1}{2}x(x+1),$$

$$l_0'(-1) = -\frac{3}{2}, \qquad l_1'(0) = 0, \qquad l_2'(1) = \frac{3}{2},$$

便得结果.

(2) 在余项公式中令 $n = 2$, $p(x) = H_5(x)$, 便得

$$R_5(x) = f(x) - p(x) = \frac{f^{(6)}(\xi)}{6!}x^2(x-1)^2(x+1)^2,$$

从而便知积分公式具有 5 次代数精度, 且误差

$$R[f] = \int_{-1}^{1} f(x)\,\mathrm{d}x - \int_{-1}^{1} p(x)\,\mathrm{d}x = \int_{-1}^{1} \frac{f^{(6)}(\xi)}{6!}x^2(x-1)^2(x+1)^2\,\mathrm{d}x,$$

利用积分中值定理 (注意到 $x^2(x-1)^2(x+1)^2$ 在区间 $[-1, 1]$ 不变号), 我们得到

$$R[f] = \frac{1}{4725}f^{(6)}(\eta), \qquad \eta \in (-1, 1).$$

(3)

$$I = \int_a^b f(x)\,\mathrm{d}x = \sum_{i=0}^{n-1} \int_{x_{2i}}^{x_{2i+2}} f(x)\,\mathrm{d}x$$

而对于积分 $\int_{x_{2i}}^{x_{2i+2}} f(x)\,\mathrm{d}x$, 利用变换 $t = \frac{1}{h}(x - x_{2i+1})$ 化为 $[-1, 1]$ 上的积分, 即

$$\int_{x_{2i}}^{x_{2i+2}} f(x)\,\mathrm{d}x$$

$$= h\int_{-1}^{1} f(x_{2i+1}+ht)\,\mathrm{d}t$$

$$\approx h\left(\frac{7}{15}f(x_{2i})+\frac{16}{15}f(x_{2i+1})+\frac{7}{15}f(x_{2i+2})+\frac{1}{15}hf'(x_{2i})-\frac{1}{15}hf'(x_{2i+2})\right)$$

这样便得求积公式

$$I=\sum_{i=0}^{n-1}\int_{x_{2i}}^{x_{2i+2}} f(x)\,\mathrm{d}x$$

$$\approx \sum_{i=0}^{n-1}\left[\frac{7}{15}hf(x_{2i})+\frac{16}{15}hf(x_{2i+1})+\frac{7}{15}hf(x_{2i+2})+\frac{1}{15}h^2f'(x_{2i})-\frac{1}{15}h^2f'(x_{2i+2})\right]$$

$$=\frac{7}{15}h\left[f(a)+2\sum_{i=1}^{n-1}f(x_{2i})+f(b)\right]+\frac{16}{15}h\sum_{i=0}^{n-1}f(x_{2i+1})+\frac{1}{15}h^2[f'(a)-f'(b)],$$

误差为

$$R=\sum_{i=0}^{n-1}\frac{h^7}{4725}f^{(6)}(\eta_i)=\frac{(b-a)}{9450}h^6 f^{(6)}(\eta).$$

4. 设 $C_i^{(n)}$ 为牛顿–科茨系数, 证明关系式

$$\sum_{i=0}^{n}C_i^{(n)}=1.$$

证: 牛顿–科茨公式为

$$\int_a^b f(x)\mathrm{d}x=(b-a)\sum_{i=0}^{n}C_i^{(n)}f(x_i),$$

令 $f(x)=1$ 代入, 由于代数精度至少为 0, 两边精确相等, 有

$$b-a=(b-a)\sum_{i=0}^{n}C_i^{(n)},$$

即证得结论.

5. 分别用复合梯形公式、辛普森公式计算下列积分, 并估计每种方法的误差:

(1) $\int_0^1 \mathrm{e}^x\,\mathrm{d}x,\quad n=4;$ (2) $\int_{-1}^1 \sqrt{x+1.5}\,\mathrm{d}x,\quad n=2.$

解: (1) 利用 $n=4$ 的复合梯形公式得

$$T_4=\frac{1}{8}\left[f(0)+2f\left(\frac{1}{4}\right)+2f\left(\frac{1}{2}\right)+2f\left(\frac{3}{4}\right)+f(1)\right]$$

$$=1.727\,221\,905,$$

利用 $n=4$ 的复合抛物线辛普森公式得

$$S_4=\frac{1}{24}\left[f(0)+4fl\left(\frac{1}{8}\right)+4f\left(\frac{3}{8}\right)+4f\left(\frac{5}{8}\right)+4f\left(\frac{7}{8}\right)\right.$$

$$\left.+2f\left(\frac{1}{4}\right)+2f\left(\frac{1}{2}\right)+2f\left(\frac{3}{4}\right)+f(1)\right]$$

$$=1.718\,284\,155.$$

与积分的精确值 $I = e - 1 = 1.718\,281\,828\,459\,0\cdots$ 相比较, 分别得误差为 $-0.008\,940\,076$ 及 $-0.000\,002\,326$.

(2) 利用 $n = 2$ 的复合梯形公式

$$T_2 = \frac{1}{2}[f(-1) + 2f(0) + f(1)]$$
$$= 2.368\,867\,677,$$

利用 $n = 2$ 的辛普森公式

$$S_2 = \frac{1}{6}\left[f(-1) + 4f\left(-\frac{1}{2}\right) + 4f\left(\frac{1}{2}\right) + 2f(0) + f(1)\right]$$
$$= 2.399\,098\,267.$$

而积分的精确值为 $I = \frac{1}{6}(5\sqrt{10} - \sqrt{2}) = 2.399\,529\,123\cdots$, 所以误差分别为 $0.030\,661\,446$ 和 $0.000\,430\,855$.

6. 由教材式 (5.20),

(1) 证明下列式子成立

$$I - T_{2^k} \approx (\frac{1}{4})^{k-m}(I - T_{2^m}), \quad (k \geqslant m),$$
$$I - T_{2^k} \approx \frac{1}{3}(\frac{1}{4})^{k-m}(T_{2^m} - T_{2^{m-1}});$$

(2) 对于例 5.2.2, 取 $m = 2$, 利用上面 (1) 中第二个结论, 以及 $T_4 - T_2$ 的值, 说明 k 取何值才能保证误差不超过 $\frac{1}{3} \times 10^{-7}$? 此结论与例 5.2.2 的结论有何不同?

(3) 对于复合辛普森公式是否成立与上面 (1)-(2) 类似的估计式?

解: (1) 取 $n = 2^{k-1}$, 由教材式 (5.20) 中第一式得

$$I - T_{2^k} \approx \frac{1}{4}(I - T_{2^{k-1}}),$$

递推即得第一结论.

取 $n = 2^{k-1}$, 由教材式 (5.20) 第二式得

$$I - T_{2^k} \approx \frac{1}{3}(T_{2^k} - T_{2^{k-1}})$$

代入上面已证的第一式, 即得结论.

(2) 令 $m = 2$, 由 (1) 中的第二式得

$$I - T_{2^k} \approx \frac{1}{3}(\frac{1}{4})^{k-2}(T_4 - T_2),$$

由表 5-4 中的数据得

$$T_4 - T_2 = T_{2^2} - T_{2^1} = 0.944\,513\,5 - 0.939\,793\,3 = 0.004\,720\,2.$$

再令

$$\frac{1}{3}(\frac{1}{4})^{k-2} \times 0.004\,720\,2 \leqslant \frac{1}{3} \times 10^{-7},$$

可推得 $k \geqslant 9.76$. 所以 k 至少取 10 才能保证误差不会超过 $\frac{1}{3} \times 10^{-7}$.

(3) 由教材定理 5.2.3,

$$S_n - I = a_1 h^4 + a_2 h^6 + \cdots,$$

以及

$$S_{2n} = a_1 (\frac{h}{2})^4 + a_2 (\frac{h}{2})^6 + \cdots,$$

从而得

$$I - S_{2n} \approx \frac{1}{16}(I - S_n),$$

以及

$$I - S_{2n} \approx \frac{1}{15}(S_{2n} - S_n).$$

所以与 (1) 类似的有以下结论:

$$I - S_{2^k} \approx (\frac{1}{16})^{k-m}(I - S_{2^m}), (k \geqslant m),$$

$$I - S_{2^k} \approx \frac{1}{15}(\frac{1}{16})^{k-m}(S_{2^m} - S_{2^{m-1}}).$$

7. 若 $f(x)$ 在区间 $[a,b]$ 上 Riemann 可积. 证明: 当 $h \to 0$ 时, 5.1.3 节中的复合中点公式 M_n、复合梯形公式 T_n 和复合辛普森公式 S_n 均收敛于积分 $\int_a^b f(x)\mathrm{d}x$.

解: 以复合中点公式 (5.13) 为例加以说明, 其他结论的证明方法类似. 考虑求积分的一个分割

$$a = x_0 < x_1 < \cdots < x_n = b,$$

由定积分 (Riemann 积分) 定义, 令 $\Delta x_i = x_{i+1} - x_i$, 则对任意取点 $\xi_i \in [x_i, x_{i+1}], (i = 0, 1, \cdots, n-1)$ 和式

$$\lim_{n \to \infty} \sum_{i=0}^{n-1} f(\xi_i)\Delta x_i = \int_a^b f(x)\mathrm{d}x.$$

特别取 $\Delta x_i = h, \xi_i = x_{i+\frac{1}{2}} = \frac{1}{2}(x_i + x_{i+1})$, 则有

$$\lim_{n \to \infty} \sum_{i=0}^{n} f(x_{i+\frac{1}{2}})h = \int_a^b f(x)\mathrm{d}x.$$

从而当 n 较大时,

$$\int_a^b f(x)\mathrm{d}x \approx \sum_{i=0}^{n} f(x_{i+\frac{1}{2}})h.$$

8. 试分别用下列方法计算积分 $\int_1^3 \frac{1}{x}\mathrm{d}x$:

(1) 三点及五点高斯–勒让德公式;

(2) 用龙贝格算法 (二分三次).

解: (1) 先将求积区间 $[1,3]$ 变为标准区间 $[-1,1]$. 令 $x = t + 2$, 得

$$\int_1^3 \frac{\mathrm{d}x}{x} = \int_{-1}^1 \frac{1}{t+2}\mathrm{d}t$$

利用三点高斯 – 勒让德公式有

$$\int_{-1}^{1} \frac{1}{t+2} \mathrm{d}t$$

$$\approx 0.555\,555\,6 \times \left(\frac{1}{2+0.774\,596\,7} + \frac{1}{2-0.774\,596\,7} \right) + 0.888\,888\,9 \times \frac{1}{2}$$

$$= 1.098\,039\,283,$$

利用五点高斯 – 勒让德公式有

$$\int_{-1}^{1} \frac{1}{t+2} \mathrm{d}t$$

$$\approx 0.236\,926\,9 \times \left(\frac{1}{2-0.906\,179\,8} + \frac{1}{2+0.906\,179\,8} \right)$$

$$+ 0.478\,628\,9 \times \left(\frac{1}{2-0.538\,469\,3} + \frac{1}{2+0.538\,469\,3} \right) + 0.568\,888\,9 \times \frac{1}{2}$$

$$= 1.098\,609\,289.$$

(2) 令 $f(x) = \frac{1}{x}$, $a=1$, $b=3$, $n=3$. 用龙贝格算法 (二分三次) 得表 5-1 的结果.

表 5-1

T_{2^k}	$S_{2^{k-1}}$	$C_{2^{k-2}}$
1.333 333 33		
1.166 666 67	1.111 111 11	
1.116 666 67	1.100 000 00	1.099 259 26

所以 $R_{3,3} = 1.099\,259\,26$, 实际误差 $= \ln 3 - R_{3,3} = -6.469\,714 \times 10^{-4}$.

9. 用高斯 – 切比雪夫公式计算积分 $(n=4)$:

$$I = \int_{-1}^{1} \frac{\mathrm{d}x}{\sqrt{1-x^4}}.$$

(准确值 $I = 2.622\,057\,554\,292\,13$).

解: 令 $f(x) = \frac{1}{\sqrt{1+x^2}}$, 利用高斯 – 切比雪夫公式, $n=4$, $\omega_i = \frac{\pi}{5}$, $x_i = \cos\frac{2i+1}{10}\pi$,

$$\int_{-1}^{1} \frac{\mathrm{d}x}{\sqrt{1-x^4}} = \int_{-1}^{1} \frac{f(x)}{\sqrt{1-x^2}} \mathrm{d}x \approx \sum_{i=0}^{4} \omega_i f(x_i) \approx 2.622\,250.$$

10. 通过用泰勒级数展开 e^{-x^2} 的方法求积分 $\int_0^1 \mathrm{e}^{-x^2} \mathrm{d}x$, 要求计算精度为 10^{-4}.

解:

$$\mathrm{e}^{-x^2} = 1 - x^2 + \frac{x^4}{2!} - \frac{x^6}{3!} + \cdots + (-1)^n \frac{x^{2n}}{n!} + \cdots$$

两边积分得

$$\int_0^1 \mathrm{e}^{-x^2} \mathrm{d}x \approx 1 - \frac{1}{3} + \frac{1}{10} - \frac{1}{42} + \frac{1}{216} - \frac{1}{1320} + \frac{1}{9360}$$

$$\approx 0.746\,8$$

误差 $|R_7| \leqslant \frac{1}{15 \times 7!} = \frac{1}{75\,600} < 1.5 \times 10^{-5}$.

11. 分别通过变量代换和泰勒级数展开方法计算积分 $\displaystyle\int_0^1 \frac{\mathrm{d}x}{(4-x)\sqrt{x}}$，要求精度 10^{-4}.

解：作变换 $t = \sqrt{x}$，

$$\int_0^1 \frac{\mathrm{d}x}{(4-x)\sqrt{x}} = 2\int_0^1 \frac{\mathrm{d}t}{4-t^2} = \int_{-1}^1 \frac{\mathrm{d}t}{4-t^2},$$

再用高斯–切比雪夫公式

$$I \approx \sum_{i=0}^n \omega_i f(x_i),$$

分别取 $n = 2, 3, 4$ 得计算值 I，由题目要求得积分的近似值为 $I \approx 0.549\,3$.

泰勒级数法，将函数 $\dfrac{1}{4-x}$ 展开成泰勒级数

$$\frac{1}{4-x} = \frac{1}{4\left(1-\dfrac{x}{4}\right)} = \frac{1}{4}\left(1 + \frac{x}{4} + \frac{x^2}{4^2} + \frac{x^3}{4^3} + \cdots\right),$$

从而

$$\int_0^1 \frac{\mathrm{d}x}{(4-x)\sqrt{x}} = \int_0^1 \frac{1}{4}\left(x^{-\frac{1}{2}} + \frac{1}{4}x^{\frac{1}{2}} + \frac{1}{4^2}x^{\frac{3}{2}} + \frac{1}{4^3}x^{\frac{5}{2}} + \cdots\right)\mathrm{d}x$$

$$= \frac{1}{4}\left(2 + \frac{1}{4}\times\frac{2}{3} + \frac{1}{4^2}\times\frac{2}{5} + \frac{1}{4^3}\times\frac{2}{7} + \cdots\right),$$

误差 $|R_n| \leqslant \dfrac{1}{4}\dfrac{2}{(n+1)}\dfrac{\left(\dfrac{1}{4}\right)^n}{1-\dfrac{1}{4}} = \dfrac{2}{3(2n+1)4^n}$，取 $n = 5$，得 $|R_5| \leqslant 5.9\times10^{-5}$，即得积分的

近似值 $I = 0.549\,25$.

12. 分别用高斯–拉盖尔求积公式和高斯–拉盖尔求积公式计算下列积分.

(1) $\displaystyle\int_0^\infty \frac{x\mathrm{e}^{-x}}{x+2}\mathrm{d}x$，　$n = 4$；　　　　(2) $\displaystyle\int_{-\infty}^{+\infty} \frac{1}{x^2+1}\mathrm{e}^{-x^2}\mathrm{d}x$，　$n = 4$.

解：(1) 利用高斯–拉盖尔求积公式，有

$$\int_0^\infty \frac{x\mathrm{e}^{-x}}{x+2}\mathrm{d}x = 0.521\,756 \times \frac{0.263\,560}{0.263\,560+2} + 0.398\,667 \times \frac{1.413\,403}{1.413\,403+2}$$

$$+ 0.075\,942 \times \frac{3.596\,425}{3.596\,425+2} + 0.003\,612 \times \frac{7.085\,810}{7.085\,810+2}$$

$$+ 0.000\,023 \times \frac{12.640\,801}{12.640\,801+2}$$

$$= 0.277\,468.$$

实际上真值 $I = 0.277\,342\,766\,2$.

(2) 利用高斯–拉盖尔求积公式，有

$$\int_{-\infty}^{+\infty} \frac{1}{x^2+1}\mathrm{e}^{-x^2}\mathrm{d}x = 0.019\,953 \times \frac{1}{(-2.020\,183)^2+1} + 0.019\,953 \times \frac{1}{2.020\,183^2+1}$$

$$+ 0.393\,519 \times \frac{1}{(-0.958\,572)^2+1} + 0.393\,519 \times \frac{1}{0.958\,572^2+1}$$

$$+ 0.945\,309 \times \frac{1}{0^2+1}$$

$$= 1.363\,322.$$

实际上真值 $I = 1.343\ 293\ 421\ 646\ 735\ 170\ 4.$

13. 已知积分

$$\int_{-\infty}^{+\infty} \exp(-x^2)\cos x\,\mathrm{d}x = \sqrt{\pi}\exp\left(-\frac{1}{4}\right),$$

可以用以下两种方法求积.

(1) 截断积分区间方法

$$\int_{-\infty}^{+\infty} \exp(-x^2)\cos x\,\mathrm{d}x \approx \int_{-M}^{+M} \exp(-x^2)\cos x\,\mathrm{d}x,$$

M 为某个正数. 再分别取 $M = 10, 20, 50$ 计算积分的近似值并估计误差;

(2) 用 4 点高斯–拉盖尔公式求解.

解: 编写复合辛普森公式程序如下:

```
function ex512
    format long g
    X = [ ];
    for M = [ 10 20 50 ],
        for n = [ 10 100 1000 ],
            x = linspace(-M,M,n+1);
            c = 2 * ones(1,n+1);
            c(2:2:n) = 4;
            c([1 end]) = 1;
            v = f(x);
            s = sum(c.*v) / sum(c) * 2 * M;
            X = [ X; [ M n s] ];
        end
    end
    X


function v = f(x)
    v = exp(-x.^2) .* cos(x);
```

运行后可得表 5-2 的结果.

表 5-2

M	10	20	50
$n = 10$	2.646 340 953 870 17	5.333 332 941 024 54	13.333 333 333 333 3
$n = 100$	1.380 388 447 043 14	1.380 383 757 264 99	1.186 221 069 866 42
$n = 1000$	1.380 388 447 043 14	1.380 388 447 043 14	1.380 388 447 043 14

真值为 $\sqrt{\pi}\exp\left(-\frac{1}{4}\right) = 1.380\ 388\ 447\ 043\ 14.$

用 4 点高斯–埃尔米特公式求解如下:

$$\int_{-\infty}^{+\infty} e^{-x^2}\cos x\,dx = 0.019\,953 \times \cos(-2.020\,183) + 0.019\,953 \times \cos 2.020\,183$$
$$+ 0.393\,519 \times \cos(-0.958\,572) + 0.393\,519 \times \cos 0.958\,572$$
$$+ 0.945\,309 \times \cos 0$$
$$= 1.380\,276.$$

14. 验证高斯型求积公式

$$\int_0^{\infty} e^{-x} f(x)\,dx \approx \omega_0 f(x_0) + \omega_1 f(x_1)$$

的高斯–拉盖尔点及高斯系数分别为

$$x_0 = 2 - \sqrt{2}, \quad \omega_0 = \frac{1}{4}(2 + \sqrt{2}),$$
$$x_1 = 2 + \sqrt{2}, \quad \omega_1 = \frac{1}{4}(2 - \sqrt{2}).$$

解: 分别将 $f(x) = 1, x, x^2, x^3$ 代入, 验证积分公式两边相等即可.

15. 构造高斯型积分公式

$$\int_0^1 \frac{f(x)}{1+x^2}\,dx \approx \omega_0 f(x_0) + \omega_1 f(x_1),$$

并计算积分 $\int_0^1 \frac{\sin x}{1+x^2}\,dx, \int_0^1 \frac{e^{-x}}{1+x^2}\,dx.$

解: 分别令 $f(x) = 1, x, x^2, x^3$, 然后代入积分公式, 得非线性方程组

$$\begin{cases} \omega_0 + \omega_1 = \int_0^1 \frac{1}{1+x^2}\,dx = A_0 \\ x_0\omega_0 + x_1\omega_1 = \int_0^1 \frac{x}{1+x^2}\,dx = A_1 \\ x_0^2\omega_0 + x_1^2\omega_1 = \int_0^1 \frac{x^2}{1+x^2}\,dx = A_2 \\ x_0^3\omega_0 + x_1^3\omega_1 = \int_0^1 \frac{x^3}{1+x^2}\,dx = A_3, \end{cases}$$

其中 $A_0 = \frac{\pi}{4}$, $A_1 = \frac{1}{2}\ln 2$, $A_2 = 1 - \frac{\pi}{4}$, $A_3 = \frac{1}{2}(1 - \ln 2)$. 第三式乘以 x_1 减去第四式, 第二式乘以 x_1 减去第三式, 第一式乘以 x_1 减去第二式, 分别得

$$\begin{cases} (x_1 - x_0)\omega_0 = A_0 x_1 - A_1 \\ (x_1 - x_0)x_0\omega_0 = A_1 x_1 - A_2 \\ (x_1 - x_0)x_0^2\omega_0 = A_2 x_1 - A_3, \end{cases}$$

从第二式、第三式中消去 $(x_1 - x_0)x_0\omega_0$, 第一式、第二式中消去 $(x_1 - x_0)\omega_0$, 得

$$\begin{cases} A_1(x_0 + x_1) - A_0 x_0 x_1 = A_2 \\ A_2(x_0 + x_1) - A_1 x_0 x_1 = A_3. \end{cases}$$

上面式子可看成是一个关于 $x_0 + x_1$, $x_0 x_1$ 的线性方程组, 解出

$$\begin{cases} x_0 + x_1 = \dfrac{A_1 A_2 - A_0 A_3}{A_1^2 - A_0 A_2} \\[3mm] x_0 x_1 = \dfrac{A_2^2 - A_1 A_3}{A_1^2 - A_0 A_2}, \end{cases}$$

从而解得

$$\begin{cases} x_0 = \dfrac{1}{2} \dfrac{1}{A_1^2 - A_0 A_2} \Big[A_1 A_2 - A_0 A_3 \\[3mm] \qquad\quad - \sqrt{(A_1 A_2 - A_0 A_3)^2 - 4(A_1^2 - A_0 A_2)(A_2^2 - A_1 A_3)} \Big] \\[3mm] x_1 = \dfrac{1}{2} \dfrac{1}{A_1^2 - A_0 A_2} \Big[A_1 A_2 - A_0 A_3 \\[3mm] \qquad\quad + \sqrt{(A_1 A_2 - A_0 A_3)^2 - 4(A_1^2 - A_0 A_2)(A_2^2 - A_1 A_3)} \Big] \end{cases}$$

将 A_i 的值代入得 $x_0 = 0.758\ 539\ 074$, $x_1 = 0.193\ 785\ 467$; $\omega_0 = 0.441\ 221\ 804$, $\omega_1 = 0.344\ 176\ 359$. 最后可计算出两积分的近似值分别为 $0.321\ 714$ 和 $0.524\ 689$.

16. 分别用复合辛普森公式 $(m = n = 4)$ 及高斯 – 勒让德公式 $(m = n = 4)$ 计算下列积分

(1) $\displaystyle\int_3^4 \int_1^2 \frac{1}{(x+y)^2} \,\mathrm{d}y\mathrm{d}x$;   (2) $\displaystyle\int_0^1 \int_1^2 \frac{\sin(x^2 + y^2)}{1 + 0.5x + 0.5y} \,\mathrm{d}y\mathrm{d}x$.

解: (1) 对于辛普森公式, 令 $\omega_i = \dfrac{1}{12}, \dfrac{4}{12}, \dfrac{2}{12}, \dfrac{4}{12}, \dfrac{1}{12}$ 和 $x_i = 3 + \dfrac{i}{4}$, $y_i = 1 + \dfrac{i}{4}$,

$$I \approx (4-3)(2-1) \sum_{i=0}^{4} \sum_{j=0}^{4} \frac{\omega_i \omega_j}{(x_i + y_j)^2} = 0.040\ 822\ 374\ 18.$$

对于高斯积分, 首先将积分化为标准区间上的积分. 令 $u = 2x - 7$, $v = 2y - 3$, 得

$$I = \int_{-1}^1 \int_{-1}^1 \frac{1}{(u + v + 10)^2} \,\mathrm{d}u\,\mathrm{d}v.$$

然后, 再利用 $m = 4$ 点的高斯 – 勒让德公式 (查表)

$$I \approx \sum_{i=0}^{4} \sum_{j=0}^{4} \frac{\omega_i \omega_j}{(u_i + v_j + 10)^2} = 0.040\ 821\ 998\ 10,$$

其中 ω_i 和 $u_i = v_i$ 都从表查得. 其真值 $I = 0.040\ 821\ 994\ 586\ 99$.

(2) 对于辛普森公式, 令 ω_i 同前一题, $x_i = 0 + \dfrac{i}{4}$, $y_i = 1 + \dfrac{i}{4}$,

$$I \approx (4-3)(2-1) \sum_{i=0}^{4} \sum_{j=0}^{4} \omega_i \omega_j \frac{\sin(x_i^2 + y_j^2)}{1 + 0.5x_i + 0.5y_j} = 0.184\ 694\ 41.$$

对于高斯积分, 做变换 $u = 2x - 1$, $v = 2y - 3$.

$$I = \int_{-1}^1 \int_{-1}^1 \frac{\sin\left(\left(\dfrac{u+1}{2} \right)^2 + \left(\dfrac{v+3}{2} \right)^2 \right)}{u + v + 8} \,\mathrm{d}u\,\mathrm{d}v.$$

然后, 再利用 $m = 4$ 点的高斯 – 勒让德公式 (查表)

$$I \approx \sum_{i=0}^{4} \sum_{j=0}^{4} \omega_i \omega_j \frac{\sin\left(\left(\dfrac{u_i+1}{2}\right)^2 + \left(\dfrac{v_j+3}{2}\right)^2\right)}{(u_i + v_j + 8)^2} = 0.184\,050\,84,$$

其中 ω_i 和 $u_i = v_i$ 同上一小题. 其真值 $I = 0.184\,050\,987$.

事实上, 关于累加形式 $\sum_i \sum_j \omega_i \omega_j f(x_i, x_j)$, 可以用以下形式计算 (以第 (2) 小题的辛普森积分为例):

```
>> x = linspace(0,1,5);
>> y = linspace(1,2,5);
>> w = [1 4 2 4 1]'/12
>> [X,Y] = meshgrid(x,y);
>> w'*(sin(X.^2+Y.^2)./(1+0.5*X+0.5*Y))*w
ans =
    1.846944068968949e-001
```

17. 设已知函数 $f(x) = \dfrac{1}{(1+x)^2}$ 的数据表 (见表 5-3), 试用三点公式计算 $f'(x)$ 在 $x = 1.0$, 1.1, 1.2 处的近似值, 并估计误差.

表 5-3

x	1.0	1.1	1.2
$f(x)$	0.250 0	0.226 8	0.206 6

解: 三点公式为

$$f'(x_0) = \frac{1}{2h}[-3f(x_0) + 4f(x_1) - f(x_2)] + \frac{h^2}{3}f'''(\xi_0)$$

$$f'(x_1) = \frac{1}{2h}[-f(x_0) + f(x_2)] - \frac{h^2}{6}f'''(\xi_1)$$

$$f'(x_2) = \frac{1}{2h}[f(x_0) - 4f(x_1) + 3f(x_2)] + \frac{h^2}{3}f'''(\xi_2)$$

而

$$|f'''(\xi)| \leqslant \max_{1.0 \leqslant \xi \leqslant 1.2} \frac{4!}{(1+\xi)^5} = 0.75,$$

从而得相应的导数的近似值和理论误差限, 如表 5-4 所示. 实际误差为导数的精确值与三点公式的计算值之间的差.

表 5-4

x	1.0	1.1	1.2
三点公式	−0.247 92	−0.216 94	−0.185 96
精确值	−0.250 00	−0.215 96	−0.187 83
理论误差限	0.002 50	0.001 25	0.002 50
实际误差	0.002 08	0.000 98	0.001 87

18. 用泰勒展开方法证明二阶导数的三点数值微分公式

$$f''(x_1) \approx \frac{1}{h^2}[f(x_0) - 2f(x_1) + f(x_2)]$$

的截断误差是 $O(h^2)$.

证: 利用泰勒展开

$$f(x_0)=f(x_1 - h)=f(x_1) - hf'(x_1) + \frac{h^2}{2}f''(x_1) - \frac{h^3}{3!}f'''(x_1) + \frac{h^4}{4!}f^{(4)}(\xi_1),$$

$$f(x_2)=f(x_1 + h)=f(x_1) + hf'(x_1) + \frac{h^2}{2}f''(x_1) + \frac{h^3}{3!}f'''(x_1) + \frac{h^4}{4!}f^{(4)}(\xi_2),$$

所以

$$\frac{1}{h^2}[f(x_0) - 2f(x_1) + f(x_2)] = f''(x_1) + \frac{h^2}{4!}[f^{(4)}(\xi_1) + f^{(4)}(\xi_2)],$$

即截断误差为 $O(h^2)$.

也可以利用插值法. 构造埃尔米特插值问题如下:

$$H(x_0) = f(x_0) = f_0,$$
$$H(x_1) = f(x_1) = f_1, \quad H'(x_1) = f'(x_1) = f_1',$$
$$H(x_2) = f(x_2) = f_2,$$

利用基函数方法 (或其他方法) 可得

$$\begin{aligned}
f(x) &= H(x) + R(x)\\
&= f_0 + \frac{f_1 - f_0}{h}(x - x_0) + \frac{1}{h}\left(f_1' - \frac{f_1 - f_0}{h}\right)(x - x_0)(x - x_1)\\
&\quad + \frac{1}{2h^2}\left(\frac{f_2 - f_1}{h} + \frac{f_1 - f_0}{h} - 2f_1'\right)(x - x_0)(x - x_1)^2\\
&\quad + \frac{f^{(4)}(\xi)}{4!}(x - x_0)(x - x_1)^2(x - x_2).
\end{aligned}$$

对上式求两阶导数, 令 $x = x_1$ 有

$$\begin{aligned}
f''(x_1) &= \frac{2}{h}\left(f_1' - \frac{f_1 - f_0}{h}\right) + \frac{1}{2h^2}\left(\frac{f_2 - f_1}{h} + \frac{f_1 - f_0}{h} - 2f_1'\right)(2h)\\
&\quad + \frac{f^{(4)}(\xi)}{4!}(-2h^2)\\
&= \frac{1}{h^2}(f_0 - 2f_1 + f_2) - \frac{1}{12}h^2\frac{f^{(4)}(\xi)}{4!}.
\end{aligned}$$

§5.2　数值实验五

1. 利用等式

$$\pi = 4\int_0^1 \frac{1}{1 + x^2}\mathrm{d}x$$

计算圆周率 π. 要求误差小于 10^{-8}.

(1) 用复合辛普森求积公式计算;

(2) 用龙贝格方法计算;

(3) 推导复合三点高斯 – 勒让德公式, 并进行圆周率的计算.

解: 编程如下:

```
function [p1,p2,p3] = ex51
    a   = 0;
    b   = 1;
    m   = 2;
    t(1) = 0.5*(b-a)*(f(a)+f(b));
    t(2) = 0.5*t(1) + 0.5*(b-a)*f((a+b)/2);
    s(1) = ( 4*t(2)-t(1) ) / 3 ;
    j    = 2;
%% t,s,c,r store the romberg integrals,
%%         in which s stores the simpson integrals
    while abs(t(j)-t(j-1)) > (0.5e-8/4),
        h   = (b-a)/m;
        k   = 0:(m-1);
        j   = j + 1;
        t(j)= 0.5*t(j-1) + 0.5 * h * sum(f(a+(k+1/2)*h));
        s(j-1) = ( 4*t(j)-t(j-1) ) / 3 ;
        c(j-2) = (16*s(j-1)-s(j-2) ) / 15 ;
        if  j>3,
            r(j-3) = (64*c(j-2)-c(j-3) ) / 63 ;
        end
        m   = m * 2;
    end
    p1 = 4 * s(end);
    p2 = 4 * r(end);
%% compute the compound Guass integrals
    w   = [5 8 5]/9;
    x   = [-sqrt(15) 0 sqrt(15)]/5;
    n   = 5;
    p3  = 0;
    for j=0:n-1,
        g = (j+0.5)/n + 0.5/n * x;  % guass nodes
        p3 = p3 + f(g)*w'/(2*n);    % guass int in each piece
    end
    p3 = p3*4;
```

```
function v = f(x)
    v = 1./(1+x.^2);
```
其中, 辛普森积分和龙贝格积分返回 p1 和 p2, 高斯积分返回值为 p3. 运行结果如下:
```
>> [p1,p2,p3]=ex51
p1 =
        3.14159265358979
p2 =
        3.14159265358979
p3 =
        3.14159265168714
```

复合的高斯公式推导如下: 设 (ω_i, z_i) 是高斯积分的系数和节点, 如三点高斯公式 $(n=2)$ 中, $\omega_i = \frac{5}{9}, \frac{8}{9}, \frac{5}{9}$ 和 $z_i = -\frac{\sqrt{15}}{9}, 0, \frac{\sqrt{15}}{9}$. 对于一般的积分区间 $[a,b]$, 令 $t = \frac{2}{b-a}\left(x - \frac{a+b}{2}\right)$, 有

$$\int_a^b f(x)\mathrm{d}x = \int_{-1}^1 f\left(\frac{b-a}{2}t + \frac{a+b}{2}\right)\mathrm{d}t = \sum_{i=0}^n \omega_i f\left(\frac{b-a}{2}z_i + \frac{a+b}{2}\right).$$

因此, 若区间 $[a,b]$ 上有 m 个等分节点 $x_i = a+ih$, $h = \frac{b-a}{m}$, 则

$$\int_a^b f(x)\mathrm{d}x = \sum_{i=0}^{m-1}\int_{x_i}^{x_{i+1}} f(x)\mathrm{d}x$$

$$= \sum_{i=0}^{m-1}\sum_{j=0}^n \omega_j f\left(\frac{h}{2}z_j + x_i + \frac{h}{2}\right).$$

2. 计算积分 $I = \int_0^{\pi/4}\sqrt{4-\sin^2 x}\,\mathrm{d}x$ ($I \approx 1.534\,391\,97$). 要求误差小于 10^{-6}.

解: 利用第 1 题的程序, 只需修改上限 b, 精度以及最后 p1, p2 和 p3 都不需要乘 4. 同时修改函数 f, 可得如下程序:
```
function [p1,p2,p3] = ex52
    a = 0;
    b = pi/4;
    m = 2;
    t(1) = 0.5*(b-a)*(f(a)+f(b));
    t(2) = 0.5*t(1) + 0.5*(b-a)*f((a+b)/2);
    s(1) = ( 4*t(2)-t(1) ) / 3 ;
    j = 2;
%% t,s,c,r store the romberg integrals,
%%        in which s stores the simpson integrals
    while abs(t(j)-t(j-1)) > (0.5e-6),
        h = (b-a)/m;
```

```
    k    = 0:(m-1);
    j    = j + 1;
    t(j)= 0.5*t(j-1) + 0.5 * h * sum(f(a+(k+1/2)*h));
    s(j-1) = ( 4*t(j)-t(j-1) ) / 3 ;
    c(j-2) = (16*s(j-1)-s(j-2) ) / 15 ;
    if   j>3,
        r(j-3) = (64*c(j-2)-c(j-3) ) / 63 ;
    end
    m    = m * 2;
    end
    p1 =  s(end);
    p2 =  r(end);
%% compute the compound Guass integrals
    w    = [5 8 5]/9;
    x    = [-sqrt(15) 0 sqrt(15)]/5;
    n    = 5;
    p3 = 0;
    for j=0:n-1,
        g = (j+0.5)/n + 0.5/n * x;  % guass nodes
        p3 = p3 + f(g)*w'/(2*n);    % guass int in each piece
    end
    p3 = p3;
function v = f(x)
    v = sqrt(4-sin(x).^2);
```

运行后, 可得图 5-1 所示的结果.

```
>> [p1,p2,p3]=ex52
p1 =
     1.53439197142228
p2 =
     1.53439197142225
p3 =
     1.92975290871108
```

3. 分别对 $n = 1, 2, \cdots, 50$ 应用牛顿–科茨公式计算积分

$$\int_{-5}^{5} \frac{1}{x^2+1}\mathrm{d}x \quad (\text{精确值为 } 2\arctan 5)$$

的值. 并观察 R_n 随 n 的变化情况. 是否收敛? 请说明理由.

解: 直接计算牛顿–科茨系数并不方便, 我们采用下面的方式. 给定 n 个等距节点, 在这 n 个等距节点上的牛顿–科茨公式等价于这些节点上的插值多项式的积分. 若插值多项式为

$$p(x) = a_0 + a_1 x + a_2 x^2 + \cdots + a_n x^n = \sum_{k=0}^{n} a_k x^k,$$

则它在区间 $[a, b]$ 上的积分等于

$$\int_a^b p(x)\mathrm{d}x = \int_a^b \sum_{k=0}^{n} a_k x^k \mathrm{d}x = \sum_{k=0}^{n} \frac{a_k}{k+1} \left(b^{k+1} - a^{k+1} \right).$$

这样, 我们有如下程序:

```
function ex53
    warning off;
    f = inline('1./(1+x.^2)');
    a = -5;
    b = 5;
    t = quadl(f,a,b,1e-10);
    for n = 1:50,
        x = linspace(a,b,n+1);
        p = polyfit(x,f(x),n);
        q = n+1:-1:1;
        s = ( b.^q - a.^q ) ./ q;
        v = p*s';
        e(n) = abs(v-t);
    end
    semilogy(1:50,e,'ro');
```

运行后, 可得图 5-1 所示的误差图形.

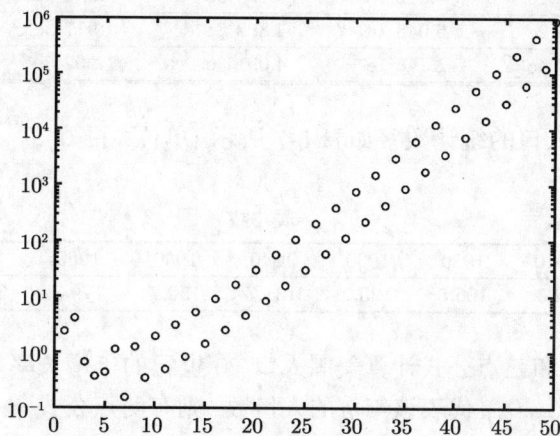

图 5-1

从图上可以得到以下几个事实: (1) 积分并不随着 n 增大而减小; (2) 积分误差在 $n = 7$ 达到最小; (3) 在 $n \geqslant 7$ 时根据 n 是奇数和偶数分为两个单调增序列, 按照对数均匀增长. 产生该现象的原因是插值多项式本身不收敛于函数.

4. 当 $\alpha = 0, 1, 2, 3, 4$ 时，仿照教材例 5.1.6, 分别使用复合梯形公式和复合辛普森公式编程求积分 $\int_0^1 |x|^{\alpha + \frac{3}{5}} \mathrm{d}x$, 积分公式是否收敛？收敛速度分别是什么？请说明理由.

解： 由复合梯形公式 (5.14) 和复合辛普森公式 (5.15), 分别取 $\alpha = 0, 1, 2, 3, 4$ 和 $n = 2^k$, $(k = 0, 1, \cdots, 8)$, 得到表 5-5 至表 5-6 计算结果：

表 5-5

n	$R_T(\alpha=0)$	$R_T(\alpha=1)$	$R_T(\alpha=2)$	$R_T(\alpha=3)$	$R_T(\alpha=4)$
1	0.125 0	0.115 4	0.222 2	0.282 6	0.321 4
2	0.045 1	0.030 3	0.054 7	0.073 8	0.092 0
4	0.015 9	0.007 8	0.013 6	0.018 7	0.023 7
8	0.005 5	0.002 0	0.003 4	0.004 7	0.006 0
16	0.001 9	$5.071\ 9\mathrm{e}^{-4}$	$8.467\ 2\mathrm{e}^{-4}$	0.001 2	0.001 5
32	$6.331\ 9\mathrm{e}^{-4}$	$1.276\ 9\mathrm{e}^{-4}$	$2.116\ 2\mathrm{e}^{-4}$	$2.929\ 5\mathrm{e}^{-4}$	$3.742\ 9\mathrm{e}^{-4}$
64	$2.127\ 7\mathrm{e}^{-4}$	$3.218\ 1\mathrm{e}^{-5}$	$5.290\ 0\mathrm{e}^{-5}$	$7.324\ 1\mathrm{e}^{-5}$	$9.358\ 4\mathrm{e}^{-4}$
128	$7.116\ 4\mathrm{e}^{-5}$	$8.078\ 6\mathrm{e}^{-6}$	$1.322\ 5\mathrm{e}^{-5}$	$1.831\ 0\mathrm{e}^{-5}$	$2.339\ 7\mathrm{e}^{-5}$
256	$2.371\ 9\mathrm{e}^{-5}$	$2.024\ 4\mathrm{e}^{-6}$	$3.306\ 1\mathrm{e}^{-6}$	$4.577\ 6\mathrm{e}^{-6}$	$5.846\ 2\mathrm{e}^{-6}$

表 5-6

n	$R_S(\alpha=0)$	$R_S(\alpha=1)$	$R_S(\alpha=2)$	$R_S(\alpha=3)$	$R_S(\alpha=4)$
1	0.018 5	0.002 0	0.001 2	0.004 3	0.015 6
2	0.006 1	$3.369\ 7\mathrm{e}^{-4}$	$1.115\ 2\mathrm{e}^{-4}$	$2.851\ 7\mathrm{e}^{-4}$	$9.495\ 1\mathrm{e}^{-4}$
4	0.002 0	$5.640\ 5\mathrm{e}^{-5}$	$1.026\ 4\mathrm{e}^{-5}$	$1.865\ 6\mathrm{e}^{-5}$	$5.874\ 3\mathrm{e}^{-5}$
8	$6.674\ 7\mathrm{e}^{-4}$	$9.356\ 3\mathrm{e}^{-6}$	$9.138\ 6\mathrm{e}^{-7}$	$1.201\ 0\mathrm{e}^{-6}$	$3.657\ 5\mathrm{e}^{-6}$
16	$2.201\ 9\mathrm{e}^{-4}$	$1.546\ 5\mathrm{e}^{-6}$	$7.958\ 7\mathrm{e}^{-8}$	$7.651\ 5\mathrm{e}^{-8}$	$2.282\ 8\mathrm{e}^{-7}$
32	$7.263\ 6\mathrm{e}^{-5}$	$2.552\ 9\mathrm{e}^{-7}$	$6.827\ 5\mathrm{e}^{-9}$	$4.842\ 3\mathrm{e}^{-9}$	$1.426\ 1\mathrm{e}^{-8}$
64	$2.396\ 1\mathrm{e}^{-5}$	$4.212\ 1\mathrm{e}^{-8}$	$5.795\ 6\mathrm{e}^{-10}$	$3.051\ 3\mathrm{e}^{-10}$	$8.911\ 6\mathrm{e}^{-10}$
128	$7.904\ 2\mathrm{e}^{-6}$	$6.948\ 1\mathrm{e}^{-9}$	$4.882\ 8\mathrm{e}^{-11}$	$1.917\ 3\mathrm{e}^{-11}$	$5.569\ 5\mathrm{e}^{-11}$
256	$2.607\ 4\mathrm{e}^{-6}$	$1.146\ 1\mathrm{e}^{-9}$	$4.091\ 3\mathrm{e}^{-12}$	$1.202\ 5\mathrm{e}^{-12}$	$3.480\ 9\mathrm{e}^{-12}$

5. 已知 20 世纪美国人口的统计数字如表 5-7 所示 (单位：百万)：

表 5-7

年份	1900	1910	1920	1930	1940	1950	1960	1970	1980	1990
人口	76.0	92.0	106.5	123.2	131.7	150.7	179.3	204.0	226.5	251.4

试分别用两点公式和三点公式计算美国人口 20 世纪的年增长率.

解： 以 t_i 代表年份, $x(t_i)$ 代表该年份的人口数. 则有两点公式,

$$x'(t_i) = \frac{x(t_{i+1}) - x(t_i)}{t_{i+1} - t_i},$$

可得如表 5-8 所示的结果.

表 5-8

年份	1900	1910	1920	1930	1940	1950	1960	1970	1980
年增长 (百万)	1.600	1.450	1.670	0.850	1.900	2.860	2.470	2.250	2.490
年增长率	0.021	0.016	0.016	0.007	0.014	0.019	0.014	0.011	0.011

如采用三点公式,

$$x'(t_i) = \frac{-3x(t_{i-1}) + 4x(t_i) - x(t_{i+1})}{t_{i+1} - t_{i-1}},$$

可得如表 5-9 所示的结果

表 5-9

年份	1900	1910	1920	1930	1940	1950	1960	1970	1980	1990
年增长 (百万)	1.675	1.340	2.080	0.325	1.420	3.055	2.580	2.130	2.14	2.61
年增长率	0.022	0.015	0.020	0.003	0.011	0.020	0.014	0.010	0.009	0.010

其中, 最后两列的数据有另外的三点公式给出. 程序如下:

```
t = 1900:10:1990;
x = [76.0 92.0 106.5 123.2 131.7 150.7 179.3 204.0 226.5 251.4];
% 2-point formula
p = diff(x) ./ diff(t);
v = p ./ x(1:end-1);
fprintf('%4d %6.3f %6.3f\n',[t(1:end-1); p; v]);
fprintf('\n\n\n');
% 3-point formula
p = (-3 * x(1:end-2) + 4 * x(2:end-1) - x(3:end)) / 20;
v = p ./ x(1:end-2);
p2 = (x(end-3:end-2) - 4 * x(end-2:end-1) + 3*x(end-1:end)) / 20;
v2 = p2 ./ x(end-1:end);
p = [ p p2 ];
v = [ v v2 ];
fprintf('%4d %6.3f %6.3f\n',[t; p; v]);
```

6. 分别取样本数 $N = 100, 1000, 10000$, 用蒙特卡罗方法计算积分

$$\left(\frac{1}{\sqrt{2\pi}}\right)^2 \int_{-\infty}^{+\infty} \int_{-\infty}^{+\infty} e^{-\frac{x_1^2 + x_2^2}{2}} \frac{1}{1 + x_1^2 + x_2^2} dx_1 dx_2.$$

解: 分别取 $(\xi_i, \eta_i) \in N(0, 1, 0, 1, 0)$, 即二维相互独立正态分布样本, 则有

$$I = \left(\frac{1}{\sqrt{2\pi}}\right)^2 \int_{-\infty}^{+\infty} \int_{-\infty}^{+\infty} e^{-\frac{x_1^2 + x_2^2}{2}} \frac{1}{1 + x_1^2 + x_2^2} dx_1 dx_2$$

$$\approx \mathbf{E}_{(\xi, \eta) \in N(0,1,0,1,0)} \left[\frac{1}{1 + \xi^2 + \eta^2}\right]$$

$$\approx \frac{1}{N} \sum_{i=1}^{N} \frac{1}{1 + \xi_i^2 + \eta_i^2} = I_N$$

分别取 $N = 100, 1000, 10000$ 计算结果如下:

N	100	1000	10000
I_N	0.494 6	0.464 4	0.461 7

7. 用下面所给的步骤求解积分方程

$$\int_0^1 (x^2 + s^2)^{1/2} u(s)\mathrm{d}s = \frac{(x^2+1)^{3/2} - x^3}{3}, \quad x \in [0, 1].$$

(1) 将区间 $[0, 1]$ 等距离散: $0 = x_0 < x_1 < \cdots < x_n = 1$, 并设 $u(x_i) \approx u_i, (i = 0, 1, \cdots, n)$, 记 $\boldsymbol{U} = (u_0, u_1, \cdots, u_n)^{\mathrm{T}}$.

(2) 对每一个节点 x_i, 由积分方程可得

$$\int_0^1 (x_i^2 + s^2)^{1/2} u(s)\mathrm{d}s = \frac{(x_i^2+1)^{3/2} - x_i^3}{3}, \quad i = 0, 1, \cdots, n,$$

再用复合辛普森公式离散上面左端的积分, 从而得线性方程组 $\boldsymbol{AU} = \boldsymbol{Y}$, 其中 $\boldsymbol{A}$ 为一个 $(n+1) \times (n+1)$ 矩阵. 求解此方程组, 并考察当 $n = 4, 8, 16, 32$ 时近似解 u_i 与精确解 $u(x) = x$ 的误差变化规律, 误差的定义为 $e_n = \max\limits_{0 \leqslant i \leqslant n} |u(x_i) - u_i|$.

(3) 计算上面方程组系数矩阵的条件数, 考察条件数与 n 的关系.

解: 由于积分方程对所有 x 成立, 令 $x = x_i$, 有

$$\int_0^1 (x_i^2 + s^2)^{1/2} u(s)\mathrm{d}s = \frac{(x_i^2+1)^{3/2} - x_i^3}{3}, \quad i = 0, 1, 2, \cdots, n.$$

则向量 $\boldsymbol{Y} = (y_0, y_1, \cdots, y_n)$, 其中 $y_i = \dfrac{(x_i^2+1)^{3/2} - x_i^3}{3}$. 设复合辛普森公式为

$$\int_0^1 f(s)\mathrm{d}s = \sum_{i=0}^n \omega_i h f(s_i),$$

式中, $h = 2/n$, $\omega = (\omega_i) = \left(\dfrac{1}{6}, \dfrac{4}{6}, \dfrac{2}{6}, \dfrac{4}{6}, \dfrac{2}{6}, \cdots, \dfrac{4}{6}, \dfrac{1}{6}\right)^{\mathrm{T}}$. 对上面方程左端求数值积分, 有

$$\sum_{j=0}^n \omega_j h (x_i^2 + s_j^2)^{1/2} u_j = \frac{(x_i^2+1)^{3/2} - x_i^3}{3}, \quad i = 0, 1, 2, \cdots, n.$$

因此得到线性方程组 $\boldsymbol{AU} = \boldsymbol{Y}$, 其中, $\boldsymbol{U} = (u_0, u_1, \cdots, u_n)^{\mathrm{T}}$, $\boldsymbol{Y}$ 如上所述, 矩阵 $\boldsymbol{A} = (a_{ij})$, 且 $a_{ij} = \omega_j h (x_i^2 + s_j^2)^{1/2}$.

编程如下:

```
function exjf
    warning off;
    fprintf('  n      cond_num      maxi_error       \n');
    for n = 2.^(2:5),
        x = [ linspace(0,1,n+1) ]';        % nodes, also the solution
        y = ( (x.^2+1).^(3/2) - x.^3 ) / 3; % right hand side
        d = ones(n+1,1) * 2/6;
```

```
      d(2:2:n) = 4/6;
      d([1 n+1]) = 1/6;
      d = d / n * 2;                    % integral weight omega_i
      [X,S] = meshgrid(x);
      A = (X.^2+S.^2).^(1/2);           % EQUATION: A*diag(d)*x == y
      u = (A\y)./d;                     % numerical solution u
      fprintf('%3d %13.6e %13.6f\n',n,cond(A),norm(u-x,inf));
      plot(x,u)                         % numerical solution plot
      pause
    end
```

运行结果如下:

```
>> exjf
  n    cond_num      maxi_error
  4 1.506568e+004      0.099311
  8 4.521167e+008      1.475252
 16 8.781522e+016   1512.437082
 32 2.824248e+018  14792.732454
```

可以看到, 系数矩阵的条件数增长非常快, 方程解的精确度急剧下降. 图 5-2 所示为 $n = 4$ 时解的图像.

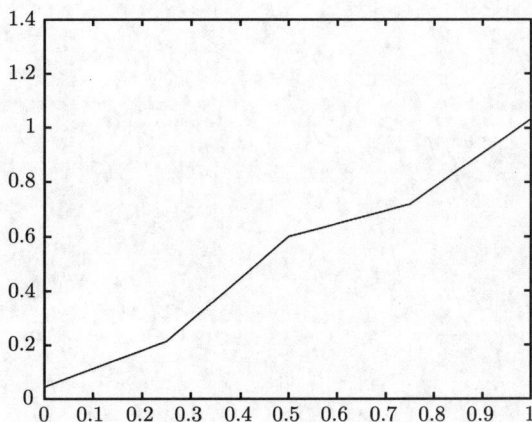

图 5-2

8. 在每一个离散节点 $a = x_0 < x_1 < \cdots x_n < x_{n+1}$ 上分别采用两点公式 (5.50) 和公式 (5.51) 求离散微分方程初值问题

$$\begin{cases} y' = f(x,y), & x > a, \\ y(a) = y_0. \end{cases}$$

中的导数 y', 从而推导出求解微分方程初值问题的两个不同的计算格式 —— 显格式和隐格式, 分别说明其计算步骤.

解: 设将求解区间离散为 $a = x_0 < x_1 < x_2 < \cdots < x_N$, 对应的函数值分别为 $y_0, y_1, y_2, \cdots, y_N$. 则在任一点 x_i 处有 $y'(x_i) = f(x_i, y_i)$. 若用两点公式

$$y'(x_i) \approx \frac{y_{i+1} - y_i}{x_{i+1} - x_i},$$

则有

$$y_{i+1} \approx y_i + (x_{i+1} - x_i)y'(x_i) = y_i + (x_{i+1} - x_i)f(x_i, y_i), \quad i = 0, 1, 2, \cdots, N-1.$$

若用两点公式

$$y'(x_{i+1}) \approx \frac{y_{i+1} - y_i}{x_{i+1} - x_i},$$

则有

$$y_{i+1} \approx y_i + (x_{i+1} - x_i)y'(x_{i+1}) = y_i + (x_{i+1} - x_i)f(x_{i+1}, y_{i+1}), \quad i = 0, 1, 2, \cdots, N-1.$$

后者变量 y_{i+1} 含在函数 f 内, 称为隐格式. 相应地, 前者称为显格式.

第6章 线性方程组的迭代解法

§6.1 习 题 六

1. 用迭代法求解下述线性方程组:

$$\begin{cases} 20x_1+ 4x_2+ 6x_3= 10, \\ 4x_1+20x_2+ 8x_3=-24, \\ 6x_1+ 8x_2+20x_3=-22. \end{cases}$$

(1) 分别写出雅可比迭代、GS 迭代、SOR 迭代 ($\omega = 1.35$) 的迭代格式;

(2) 判断上述三个迭代格式的收敛性, 并说明理由;

(3) 用收敛的迭代格式分别计算方程组的解, 要求满足

$$\|\boldsymbol{x}^{(k+1)} - \boldsymbol{x}^{(k)}\|_\infty < \frac{1}{2} \times 10^{-4}.$$

解: (1) 雅可比迭代格式

$$\begin{cases} x_1^{(k+1)}=\dfrac{1}{20}(10 - 4x_2^{(k)} - 6x_3^{(k)}), \\[2mm] x_2^{(k+1)}=\dfrac{1}{20}(-24 - 4x_1^{(k)} - 8x_3^{(k)}), \\[2mm] x_3^{(k+1)}=\dfrac{1}{20}(-22 - 6x_1^{(k)} - 8x_2^{(k)}). \end{cases}$$

GS 迭代格式

$$\begin{cases} x_1^{(k+1)}=\dfrac{1}{10}(10 - 4x_2^{(k)} - 6x_3^{(k)}), \\[2mm] x_2^{(k+1)}=\dfrac{1}{10}(-24 - 4x_1^{(k+1)} - 8x_3^{(k)}), \\[2mm] x_3^{(k+1)}=\dfrac{1}{10}(-22 - 6x_1^{(k+1)} - 8x_2^{(k+1)}). \end{cases}$$

SOR 迭代格式

$$\begin{cases} x_1^{(k+1)}=x_1^{(k)}+\dfrac{1.35}{20}(10 - 20x_1^{(k)} - 4x_2^{(k)} - 6x_3^{(k)}), \\[2mm] x_2^{(k+1)}=x_2^{(k)}+\dfrac{1.35}{20}(-24 - 4x_1^{(k+1)} - 20x_2^{(k)} - 8x_3^{(k)}), \\[2mm] x_3^{(k+1)}=x_3^{(k)}+\dfrac{1.35}{20}(-22 - 6x_1^{(k+1)} - 8x_2^{(k+1)} - 20x_3^{(k)}). \end{cases}$$

(2) 由于系数矩阵 $\boldsymbol{A}$ 是严格对角占优的, 因此雅可比迭代和 GS 迭代都收敛. 又由于系数矩阵 $\boldsymbol{A}$ 是对称的, 且各阶顺序主子式分别为 $D_1 = 20, D_2 = 384, D_3 = 6064$, 故

系数矩阵 $\boldsymbol{A}$ 是对称正定的. 又有 $\omega = 1.35 \in (0,2)$, 因此 SOR 迭代收敛.

(3) 取初值 $\boldsymbol{x}^{(0)} = (0,0,0)^{\mathrm{T}}$, 雅可比方法、GS 方法和 SOR 方法分别经过 21 次、8 次和 13 迭代得到 $\boldsymbol{x}_{\mathrm{J}}^{(21)} = \boldsymbol{x}_{\mathrm{GS}}^{(8)} = \boldsymbol{x}_{\mathrm{SOR}}^{(13)} = (1.000\,0, -1.000\,0, -1.000\,0)^{\mathrm{T}}$.

2. 分别用雅可比迭代和 GS 迭代求解下述线性方程组:

$$\begin{cases} 25x_1 + 2x_2 + 13x_3 = 40, \\ 4x_1 + 28x_2 + 8x_3 = 40, \\ 2x_1 - 13x_2 + 25x_3 = 14, \end{cases}$$

取初值 $\boldsymbol{x}^{(0)} = (0,0,0)^{\mathrm{T}}$, 精确到小数点后四位, 并在理论上判断这两个迭代的收敛性.

解: 雅可比迭代格式为

$$\begin{cases} x_1^{(k+1)} = \dfrac{1}{25}(40 - 2x_2^{(k)} - 13x_3^{(k)}), \\[2mm] x_2^{(k+1)} = \dfrac{1}{28}(40 - 4x_1^{(k)} - 8x_3^{(k)}), \\[2mm] x_3^{(k+1)} = \dfrac{1}{25}(14 - 2x_1^{(k)} + 13x_2^{(k)}). \end{cases}$$

GS 迭代格式

$$\begin{cases} x_1^{(k+1)} = \dfrac{1}{25}(40 - 2x_2^{(k)} - 13x_3^{(k)}), \\[2mm] x_2^{(k+1)} = \dfrac{1}{28}(40 - 4x_1^{(k+1)} - 8x_3^{(k)}), \\[2mm] x_3^{(k+1)} = \dfrac{1}{25}(14 - 2x_1^{(k+1)} + 13x_2^{(k+1)}). \end{cases}$$

很明显系数矩阵 $\boldsymbol{A}$ 是严格对角占优的, 所以上述雅可比迭代和 GS 迭代都收敛. 取初值 $\boldsymbol{x}^{(0)} = (0,0,0)^{\mathrm{T}}$, 采用雅可比迭代, 则迭代 12 次可得到满足精度要求的 $\boldsymbol{x}_{\mathrm{J}}^{(12)} = (1.000\,0, 1.000\,0, 1.000\,0)^{\mathrm{T}}$. 若采用 GS 迭代, 则迭代 5 次可得到满足精度要求的 $\boldsymbol{x}_{\mathrm{GS}}^{(5)} = (1.000\,0, 1.000\,0, 1.000\,0)^{\mathrm{T}}$.

3. 对下述线性方程组

$$\begin{cases} 2x_1 + 4x_2 - 4x_3 = 8 \\ 3x_1 + 3x_2 + 3x_3 = 7 \\ 4x_1 + 4x_2 + 2x_3 = 6 \end{cases}$$

分别讨论用雅可比迭代和 GS 迭代的敛散性.

解: 首先计算每个迭代法的迭代矩阵, 然后再计算它们的谱半径. 对于雅可比方法, 有

$$\boldsymbol{B}_{\mathrm{J}} = \boldsymbol{D}^{-1}(\boldsymbol{L} + \boldsymbol{U}) = \begin{pmatrix} 0 & -2 & 2 \\ -1 & 0 & -1 \\ -2 & -2 & 0 \end{pmatrix},$$

其特征多项式为

$$\det(\lambda \boldsymbol{I} - \boldsymbol{B}_{\mathrm{J}}) = \begin{vmatrix} \lambda & 2 & -2 \\ 1 & \lambda & 1 \\ 2 & 2 & \lambda \end{vmatrix} = \lambda^3.$$

因此 $\lambda_1 = \lambda_2 = \lambda_3 = 0$, $\rho(\boldsymbol{B}_{\mathrm{J}}) = 0$, 所以雅可比迭代是收敛的.

对于 GS 迭代, 有

$$\boldsymbol{B}_{\mathrm{G}} = (\boldsymbol{D} - \boldsymbol{L})^{-1}\boldsymbol{U} = \begin{pmatrix} 0 & -2 & 2 \\ 0 & 2 & -3 \\ 0 & 0 & 2 \end{pmatrix},$$

其特征多项式为

$$\det(\lambda\boldsymbol{I} - \boldsymbol{B}_{\mathrm{G}}) = \begin{vmatrix} \lambda & 2 & -2 \\ 0 & \lambda - 2 & 3 \\ 0 & 0 & \lambda - 2 \end{vmatrix} = \lambda(\lambda - 2)^2.$$

因此, $\lambda_1 = 0$, $\lambda_2 = \lambda_3 = 2$, $\rho(\boldsymbol{B}_{\mathrm{G}}) = 2 > 1$, 所以 GS 迭代是发散的.

4. 试证对于 n 维向量 $\boldsymbol{x}$ 有以下关系式成立

$$\|\boldsymbol{x}\|_\infty \leqslant \|\boldsymbol{x}\|_1 \leqslant n\|\boldsymbol{x}\|_\infty,$$
$$\|\boldsymbol{x}\|_\infty \leqslant \|\boldsymbol{x}\|_2 \leqslant \sqrt{n}\|\boldsymbol{x}\|_\infty,$$
$$\frac{1}{\sqrt{n}}\|\boldsymbol{x}\|_1 \leqslant \|\boldsymbol{x}\|_2 \leqslant \|\boldsymbol{x}\|_1.$$

证: 按照范数的计算公式

$$\|\boldsymbol{x}\|_\infty = \max_{1 \leqslant i \leqslant n} |x_i| = |x_{i_0}|,$$

$$\|\boldsymbol{x}\|_1 = \sum_{i=1}^{n} |x_i|,$$

$$\|\boldsymbol{x}\|_2 = \sqrt{\sum_{i=1}^{n} |x_i|^2},$$

式中, i_0 是 ∞-范数取到最大值的指标.

首先有

$$\|\boldsymbol{x}\|_\infty = |x_{i_0}| \leqslant \|\boldsymbol{x}\|_1 \leqslant n|x_{i_0}| = n\|\boldsymbol{x}\|_\infty,$$

同理也有

$$\|\boldsymbol{x}\|_\infty^2 = |x_{i_0}|^2 \leqslant \|\boldsymbol{x}\|_2^2 \leqslant n|x_{i_0}|^2 = n\|\boldsymbol{x}\|_\infty^2,$$

两边开方有

$$\|\boldsymbol{x}\|_\infty \leqslant \|\boldsymbol{x}\|_2 \leqslant \sqrt{n}\|\boldsymbol{x}\|_\infty.$$

利用柯西不等式, 成立

$$\|\boldsymbol{x}\|_1^2 = \left(\sum_{i=1}^{n} 1 \cdot |x_i|\right)^2 \leqslant n \cdot \sum_{i=1}^{n} |x_i|^2 = n\|\boldsymbol{x}\|_2^2,$$

两边开方即得

$$\frac{1}{\sqrt{n}}\|\boldsymbol{x}\|_1 \leqslant \|\boldsymbol{x}\|_2; \tag{1}$$

显然成立

$$\sum_{i=1}^{n} |x_i|^2 \leqslant \left(\sum_{i=1}^{n} |x_i|\right)^2,$$

两边开方即得

$$\|\boldsymbol{x}\|_2 \leqslant \|\boldsymbol{x}\|_1. \tag{2}$$

式 (1) 和式 (2) 联立可得

$$\frac{1}{\sqrt{n}}\|\boldsymbol{x}\|_1 \leqslant \|\boldsymbol{x}\|_2 \leqslant \|\boldsymbol{x}\|_1.$$

5. 证明: 对于矩阵范数, 如果 $\|\boldsymbol{A}\| < 1$, 则

$$\|(\boldsymbol{I}+\boldsymbol{A})^{-1}\| \leqslant \frac{1}{1-\|\boldsymbol{A}\|}.$$

证: 首先证明 $\boldsymbol{I} + \boldsymbol{A}$ 是非奇异矩阵 (用反证法).

假如 $\boldsymbol{I} + \boldsymbol{A}$ 是奇异矩阵, 则齐次线性方程 $(\boldsymbol{I}+\boldsymbol{A})\boldsymbol{x} = 0$ 有非零解 $\boldsymbol{x} \neq 0$, 即 $\boldsymbol{x} = -\boldsymbol{A}\boldsymbol{x}$. 两边取向量范数, 有 $\|\boldsymbol{x}\| = \|\boldsymbol{A}\boldsymbol{x}\| \leqslant \|\boldsymbol{A}\| \cdot \|\boldsymbol{x}\|$. 由于 $\|\boldsymbol{x}\| \neq 0$, 所以 $\|\boldsymbol{A}\| \geqslant 1$, 矛盾.

显然 $(\boldsymbol{I}+\boldsymbol{A})^{-1}(\boldsymbol{I}+\boldsymbol{A}) = \boldsymbol{I}$, 由此

$$(\boldsymbol{I}+\boldsymbol{A})^{-1} = \boldsymbol{I} - (\boldsymbol{I}+\boldsymbol{A})^{-1}\boldsymbol{A}.$$

两边取矩阵范数, 可得

$$\|(\boldsymbol{I}+\boldsymbol{A})^{-1}\| \leqslant 1 + \|(\boldsymbol{I}+\boldsymbol{A})^{-1}\| \cdot \|\boldsymbol{A}\|,$$

所以成立

$$\|(\boldsymbol{I}+\boldsymbol{A})^{-1}\| \leqslant \frac{1}{1-\|\boldsymbol{A}\|}.$$

6. 设线性方程组 $\boldsymbol{A}\boldsymbol{x} = \boldsymbol{b}$, 其中 $\boldsymbol{A}$ 为 n 阶对称正定矩阵 (设 $\boldsymbol{A}$ 的特征值满足 $0 < \alpha \leqslant \lambda(\boldsymbol{A}) \leqslant \beta$), 建立以下迭代公式

$$\boldsymbol{x}^{(k+1)} = \boldsymbol{x}^{(k)} + \omega(\boldsymbol{b} - \boldsymbol{A}\boldsymbol{x}^{(k)}), \quad k = 0, 1, \cdots$$

证明: 当 $0 < \omega < \dfrac{2}{\beta}$ 时, 上述迭代法收敛.

证: 迭代格式可另写为 $\boldsymbol{x}^{(k+1)} = (\boldsymbol{I} - \omega\boldsymbol{A})\boldsymbol{x}^{(k)} + \omega\boldsymbol{b}$. 易知 $\boldsymbol{I} - \omega\boldsymbol{A}$ 是对称矩阵, 所有特征值皆为实数. 记 $\lambda_i(\boldsymbol{X})$ 为矩阵 $\boldsymbol{X}$ 的第 i 个特征值.

$$\lambda_i(\boldsymbol{I} - \omega\boldsymbol{A}) = 1 - \omega\lambda_i(\boldsymbol{A}) \geqslant 1 - \omega\beta > -1,$$
$$\lambda_i(\boldsymbol{I} - \omega\boldsymbol{A}) = 1 - \omega\lambda_i(\boldsymbol{A}) \leqslant 1 - \omega\alpha < 1,$$

所以 $\rho(\boldsymbol{I} - \omega\boldsymbol{A}) < 1$, 迭代收敛.

7. 试证当 $-0.5 < \alpha < 1$ 时矩阵

$$\boldsymbol{A} = \begin{pmatrix} 1 & \alpha & \alpha \\ \alpha & 1 & \alpha \\ \alpha & \alpha & 1 \end{pmatrix}$$

是正定的. 当 $-0.5 < \alpha < 0.5$ 时, 用雅可比迭代求解 $\boldsymbol{Ax} = \boldsymbol{b}$ 是收敛的.

证: 矩阵 $\boldsymbol{A}$ 的各阶顺序主子式为

$$D_1 = 1, \quad D_2 = 1 - \alpha^2, \quad D_3 = \det(\boldsymbol{A}) = (\alpha - 1)^2(2\alpha + 1).$$

由 $-0.5 < \alpha < 1$ 可推出 $D_2 > 0$ 和 $D_3 > 0$, 因此当 $-0.5 < \alpha < 1$ 时矩阵是正定的.

当 $-0.5 < \alpha < 0.5$ 时, $\boldsymbol{A}$ 正定且 $2\boldsymbol{D} - \boldsymbol{A}$ 也是同类型的矩阵, 只是把参数 α 换为 $-\alpha$, 因此也是正定的, 所以雅可比迭代收敛. 实际上, 当 $-0.5 < \alpha < 0.5$ 时矩阵 $\boldsymbol{A}$ 是严格对角占优的, 也可以推出雅可比迭代收敛.

8. 证明对 GS 迭代有
$$\left\| \boldsymbol{x}^{(k)} - \boldsymbol{x}^{(k-1)} \right\|_\infty \leqslant \mu^{k-1} \left\| \boldsymbol{x}^{(1)} - \boldsymbol{x}^{(0)} \right\|_\infty,$$

式中, $\mu = \max_i \left(\sum_{j=i}^n |b_{ij}| / \left(1 - \sum_{j=1}^{i-1} |b_{ij}| \right) \right)$, 这里 b_{ij} 是 GS 迭代矩阵的元素.

证: 设 GS 迭代为
$$\boldsymbol{Dx}^{(k+1)} = \boldsymbol{Lx}^{(k+1)} + \boldsymbol{Ux}^{(k)} + \boldsymbol{b}, \tag{3}$$

这里, $\boldsymbol{D}$, $-\boldsymbol{L}$, $-\boldsymbol{U}$ 是迭代矩阵的分块, 其元素分别为 b_{ii}, b_{ij} (其中 $i > j$) 和 b_{ij} (其中 $i < j$). 后两个矩阵为严格下三角矩阵和严格上三角矩阵. 同理

$$\boldsymbol{Dx}^{(k)} = \boldsymbol{Lx}^{(k)} + \boldsymbol{Ux}^{(k-1)} + \boldsymbol{b}, \tag{4}$$

式 (3) 和式 (4) 相减有

$$\boldsymbol{D}(\boldsymbol{x}^{(k+1)} - \boldsymbol{x}^{(k)}) = \boldsymbol{L}(\boldsymbol{x}^{(k+1)} - \boldsymbol{x}^{(k)}) + \boldsymbol{U}(\boldsymbol{x}^{(k)} - \boldsymbol{x}^{(k-1)}).$$

记 i_0 为 $\sum_{j=i}^n |b_{ij}| / \left(1 - \sum_{j=1}^{i-1} |b_{ij}| \right)$ 达到最大的指标, 考虑上述等式的第 i_0 个等式 (为记号的简便, 仍记为 i)

$$b_{ii}(x_i^{(k+1)} - x_i^{(k)}) = \sum_{j=1}^{i-1} -b_{ij}(x_j^{(k+1)} - x_j^{(k)}) + \sum_{j=i+1}^n -b_{ij}(x_j^{(k)} - x_j^{(k-1)}).$$

上式两边取 ∞-范数, 有

$$|b_{ii}|\|(\boldsymbol{x}^{(k+1)} - \boldsymbol{x}^{(k)}\|_\infty = \sum_{j=1}^{i-1} |b_{ij}|\|\boldsymbol{x}^{(k+1)} - \boldsymbol{x}^{(k)}\|_\infty + \sum_{j=i+1}^n |b_{ij}|\|\boldsymbol{x}^{(k)} - \boldsymbol{x}^{(k-1)}\|_\infty.$$

因此
$$\|\boldsymbol{x}^{(k+1)} - \boldsymbol{x}^{(k)}\|_\infty \leqslant \sum_{j=i}^n |b_{ij}| / \left(1 - \sum_{j=1}^{i-1} |b_{ij}| \right) \cdot \|\boldsymbol{x}^{(k)} - \boldsymbol{x}^{(k-1)}\|_\infty = \mu\|\boldsymbol{x}^{(k)} - \boldsymbol{x}^{(k-1)}\|_\infty.$$

递推就有
$$\|\boldsymbol{x}^{(k)} - \boldsymbol{x}^{(k-1)}\|_\infty \leqslant \mu \cdot \|\boldsymbol{x}^{(k-1)} - \boldsymbol{x}^{(k-2)}\|_\infty \leqslant \cdots \leqslant \mu^{k-1} \cdot \|\boldsymbol{x}^{(1)} - \boldsymbol{x}^{(0)}\|_\infty.$$

9. 试用共轭梯度法求解线性方程组

$$\begin{pmatrix} 4 & -1 & 0 & -1 & 0 & 0 \\ -1 & 4 & -1 & 0 & -1 & 0 \\ 0 & -1 & 4 & 0 & 0 & -1 \\ -1 & 0 & 0 & 4 & -1 & 0 \\ 0 & -1 & 0 & -1 & 4 & -1 \\ 0 & 0 & -1 & 0 & -1 & 4 \end{pmatrix} \begin{pmatrix} x_1 \\ x_2 \\ x_3 \\ x_4 \\ x_5 \\ x_6 \end{pmatrix} = \begin{pmatrix} 2 \\ 1 \\ 2 \\ 2 \\ 1 \\ 2 \end{pmatrix},$$

式中, 初值为 $\boldsymbol{x}^{(0)} = (0,0,0,0,0,0)^{\mathrm{T}}$, 使得最终迭代误差 $\boldsymbol{r}^{(k)} = \boldsymbol{b} - \boldsymbol{A}\boldsymbol{x}^{(k)}$ 达到 $\|\boldsymbol{r}^{(k)}\|/\|\boldsymbol{r}^{(0)}\| < 1 \times 10^{-4}$, 最大迭代步数设为 10.

解: 取 $\boldsymbol{x}^{(0)} = (0,0,0,0,0,0)^{\mathrm{T}}$, $\boldsymbol{p}^{(0)} = \boldsymbol{r}^{(0)} = \boldsymbol{b} - \boldsymbol{A}\boldsymbol{x}^{(0)}$.

对 $k = 0, 1, 2, \cdots$, 计算

$$\begin{cases} \alpha_k = \|\boldsymbol{r}^{(k)}\|_2^2/(\boldsymbol{A}\boldsymbol{p}^{(k)}, \boldsymbol{p}^{(k)}), \\ \boldsymbol{x}^{(k+1)} = \boldsymbol{x}^{(k)} + \alpha_k \boldsymbol{p}^{(k)}, \\ \boldsymbol{r}^{(k+1)} = \boldsymbol{r}^{(k)} - \alpha_k \boldsymbol{A}\boldsymbol{p}^{(k)}, \\ \beta_k = \|\boldsymbol{r}^{(k+1)}\|_2^2/\|\boldsymbol{r}^{(k)}\|_2^2, \\ \boldsymbol{p}^{(k+1)} = \boldsymbol{r}^{(k+1)} + \beta_k \boldsymbol{p}^{(k)}. \end{cases}$$

计算过程如下:

$$\begin{cases} \alpha_0 = 0.473\ 7, \\ \boldsymbol{x}^{(1)} = (0.947\ 4, 0.473\ 7, 0.947\ 4, 0.947\ 4, 0.473\ 7, 0.947\ 4)^{\mathrm{T}}, \\ \boldsymbol{r}^{(1)} = (-0.368\ 4, 1.473\ 7, -0.368\ 4, -0.368\ 4, 1.473\ 7, -0.368\ 4)^{\mathrm{T}}, \\ \beta_0 = 0.271\ 5, \\ \boldsymbol{p}^{(1)} = (0.174\ 5, 1.745\ 2, 0.174\ 5, 0.174\ 5, 1.745\ 2, 0.174\ 5)^{\mathrm{T}}, \end{cases}$$

和

$$\begin{cases} \alpha_1 = 0.301\ 6, \\ \boldsymbol{x}^{(2)} = (1.000\ 0, 1.000\ 0, 1.000\ 0, 1.000\ 0, 1.000\ 0, 1.000\ 0)^{\mathrm{T}}, \\ \boldsymbol{r}^{(2)} = 10^{-15} \times (-0.055\ 5, 0.444\ 1, -0.055\ 5, 0.055\ 5, 0, 0.055\ 5)^{\mathrm{T}}. \end{cases}$$

此时, $\|\boldsymbol{r}^{(2)}\|/\|\boldsymbol{r}^{(0)}\| < 1 \times 10^{-4}$. 容易看出原方程组的精确解为: $\boldsymbol{x}^* = (1,1,1,1,1,1)^{\mathrm{T}}$. 故共轭梯度法迭代两次就求到了解.

10. 试用广义极小残量法求解方程组

$$\begin{pmatrix} 4.2 & -1 & 0 & -1 & 0 & 0 \\ -1 & 4.2 & -1 & 0 & -1 & 0 \\ 0 & -1 & 4.2 & 0 & 0 & -1 \\ -0.8 & 0 & 0 & 4.2 & -1 & 0 \\ 0 & -0.8 & 0 & -1 & 4.2 & -1 \\ 0 & 0 & -0.8 & 0 & -1 & 4.2 \end{pmatrix} \begin{pmatrix} x_1 \\ x_2 \\ x_3 \\ x_4 \\ x_5 \\ x_6 \end{pmatrix} = \begin{pmatrix} 6.4 \\ 0.2 \\ 2.2 \\ 1.6 \\ 1.4 \\ 2.4 \end{pmatrix},$$

式中, 初值为 $x^{(0)} = (0,0,0,0,0,0)^{\mathrm{T}}$, 使得最终迭代误差 $r^{(k)} = b - Ax^{(k)}$ 达到 $\|r^{(k)}\|/$ $\|r^{(0)}\| < 1 \times 10^{-4}$, 最大迭代步数设为 10.

解: 以下的程序源自 http://www.netlib.org/templates/matlab/gmres.m, 是一个标准的 GMRES 算法程序. 你还需要该网站 http://www.netlib.org/templates/matlab/ 下的 rotmat.m 的文件. 我们经过简单的修改使之成为不带其他技巧 (预条件和重新启动) 的 GMRES 方法.

```
function [x, error, iter, flag] = gmres( A, b, x, max_it, tol )
% input    A        REAL nonsymmetric positive definite matrix
%          x        REAL initial guess vector
%          b        REAL right hand side vector
%          max_it   INTEGER maximum number of iterations
%          tol      REAL error tolerance
%
% output   x        REAL solution vector
%          error    REAL error norm
%          iter     INTEGER number of iterations performed
%          flag     INTEGER: 0 = solution found to tolerance
%                            1 = no convergence given max_it

   iter = 0;                                 % initialization
   flag = 0;
   bnrm2 = norm( b );
   if ( bnrm2 == 0.0 ), bnrm2 = 1.0; end
   r = b-A*x ;
   error = norm( r ) / bnrm2;
   if ( error < tol ) return, end
   [n,n] = size(A);                          % initialize workspace
   m = n;
   V(1:n,1:m+1) = zeros(n,m+1);
   H(1:m+1,1:m) = zeros(m+1,m);
   cs(1:m) = zeros(m,1);
   sn(1:m) = zeros(m,1);
   e1    = zeros(n,1);
   e1(1) = 1.0;

   for iter = 1:max_it,                      % begin iteration

      r = b-A*x ;
      V(:,1) = r / norm( r );
```

```
    s = norm( r )*e1;
    for i = 1:m,                            % construct orthonormal
       w =  A*V(:,i);                        % basis using Gram-Schmidt
       for k = 1:i,
          H(k,i)= w'*V(:,k);
          w = w - H(k,i)*V(:,k);
       end
       H(i+1,i) = norm( w );
       V(:,i+1) = w / H(i+1,i);
       for k = 1:i-1,                        % apply Givens rotation
          temp     =  cs(k)*H(k,i) + sn(k)*H(k+1,i);
          H(k+1,i) = -sn(k)*H(k,i) + cs(k)*H(k+1,i);
          H(k,i)   = temp;
       end
       [cs(i),sn(i)] = rotmat( H(i,i), H(i+1,i) );
                                             % form i-th rotation matrix
       temp    = cs(i)*s(i);                 % approximate residual norm
       s(i+1) = -sn(i)*s(i);
       s(i)    = temp;
       H(i,i) = cs(i)*H(i,i) + sn(i)*H(i+1,i);
       H(i+1,i) = 0.0;
       error   = abs(s(i+1)) / bnrm2;
       if ( error <= tol ),                  % update approximation
           y = H(1:i,1:i) \ s(1:i);          % and exit
           x = x + V(:,1:i)*y;
           break;
       end
    end

    if ( error <= tol ), break, end
    y = H(1:m,1:m) \ s(1:m);
    x = x + V(:,1:m)*y;                       % update approximation
    r =  b-A*x ;                              % compute residual
    s(i+1) = norm(r);
    error = s(i+1) / bnrm2;                   % check convergence
    if ( error <= tol ), break, end;
end

if ( error > tol ) flag = 1; end;            % converged
```

```
% END of gmres.m
function [ c, s ] = rotmat( a, b )
   if ( b == 0.0 ),
      c = 1.0;
      s = 0.0;
   elseif ( abs(b) > abs(a) ),
      temp = a / b;
      s = 1.0 / sqrt( 1.0 + temp^2 );
      c = temp * s;
   else
      temp = b / a;
      c = 1.0 / sqrt( 1.0 + temp^2 );
      s = temp * c;
   end
```

首先生成矩阵 A 和向量 b, 在命令行上输入

`>> [x, error, iter, flag] = gmres( A, b, zeros(6,1), 10, 1e-4 )`

计算得解为 $x^* = (2,1,1,1,1,1)^{\mathrm{T}}$, 迭代步数为 1.

§6.2 数值实验六

1. 试用 SOR 迭代计算线性方程组

$$\begin{cases} -55x_1 -5x_2 +12x_3 = 41, \\ 21x_1 +36x_2 -13x_3 = 52, \\ 24x_1 +7x_2 +47x_3 = 12. \end{cases}$$

取 $x^{(0)} = (0,0,0)^{\mathrm{T}}$, 松弛因子分别选取为 $\omega = 0.1t$, $1 \leqslant t \leqslant 19$, 要求达到精度 $\|x^{(k+1)} - x^{(k)}\| \leqslant 10^{-4}$. 试通过数值计算得出不同的松弛因子所需要的迭代次数和收敛最快的松弛因子, 并指出哪些松弛因子使得迭代发散.

解: 编写程序如下:

```
function [it,ws]=test61(A,b,w,maxit)
   if nargin<4,       maxit = 20000;
      if nargin<3,       w = linspace(0.1,1.9,19);
         if nargin<2,    b = [41 52 12]';
            if nargin<1, A = [-55 -5 12; 21 36 -13; 24 7 47];
            end; end; end; end;
   n = length(b);
   for k = 1:length(w),
      xold  = zeros(n,1);
      it(k) = 0;
      convg = 0;
```

```
        while ~convg,
            it(k) = it(k) + 1;
            x     = xold;
            for j = 1:n,
                x(j) = x(j) + w(k)/A(j,j) * ( b(j)-A(j,:)*x );
            end
            if norm(x-xold)<1e-4,
                convg = 1;
            else
                xold = x;
            end
            if it(k)>maxit,
                it(k) = inf;
                convg = 1;
            end
        end
    end
    [minit,ind] = min(it);
    ws          = w(ind);
```

在命令行上运行

`>> [it,ws] = test61`

可得到满足精度的近似解 $\boldsymbol{x} = (-0.851\,4, 2.078\,5, 0.380\,5)^{\mathrm{T}}$. 当 $\omega = 0.1t$, $t = 1:19$ 时所需的迭代次数分别为 93, 49, 33, 24, 19, 15, 12, 10, 8, 6, 6, 11, 20, 44, 556, ∞, ∞, ∞, ∞, 其中 ∞ 代表不收敛. 可知, $\omega = 1.0$ 和 $\omega = 1.1$ 时迭代最快, $\omega \geqslant 1.6$ 时迭代不收敛.

2. 写一个 Jacobi 迭代程序, 输入维数 n, 求解 $\boldsymbol{Ax} = \boldsymbol{b}$, 其中

$$\boldsymbol{A} = \begin{pmatrix} n+1 & 1 & 1 & \cdots & 1 \\ 1 & n+2 & 1 & \cdots & 1 \\ 1 & 1 & n+3 & \cdots & 1 \\ \vdots & \vdots & \vdots & \ddots & \vdots \\ 1 & 1 & 1 & \cdots & 2n \end{pmatrix}, \quad \boldsymbol{b} = \begin{pmatrix} 1 \\ 2 \\ 3 \\ \vdots \\ n \end{pmatrix}.$$

解: 程序如下:

```
function test62(n)
    tol   = 1e-10;
    maxit = 2000;
    xo    = ones(n,1);
    xn    = zeros(n,1);
    done  = 0;
    it    = 1;
```

```
while ~done & it <= maxit,
    for k = 1:n,
        p = [1:k-1 k+1:n];
        xn(k) = (k-sum(xo(p)))/(n+k);
    end
    it = it + 1;
    if norm(xn-xo)<=tol,
        done = 1;
    else
        xo = xn;
    end
end
```

第7章 非线性方程求根

§7.1 习 题 七

1. 设方程 $10 - 2x - \cos x = 0$ 的迭代法为 $x = \dfrac{1}{2}(10 - \cos x)$, 说明对于任意初值此迭代收敛, 并估计要求具有 10 位有效数字时大约要迭代多少步.

解: 令

$$\phi(x) = \frac{1}{2}(10 - \cos x),$$

由于对任意的 $x \in \mathbb{R}$ 有 $\phi(x) \in [9/2, 11/2] = [4.5, 5.5]$ 成立, 且 $|\phi'(x)| = \dfrac{|\sin x|}{2} \leqslant L = \dfrac{1}{2}$ 对一切 $x \in [4.5, 5.5]$ 成立. 根据不动点迭代定理, 对 $[4.5, 5.5]$ 内任意初值此迭代都必收敛于唯一不动点. 容易看到, 对于任意的初值 x_0, 经过一次迭代后有 $x_1 = \dfrac{1}{2}(10 - \cos x_0) \in [4.5, 5.5]$, 因此迭代对任意初值收敛. 根据收敛估计不等式

$$|x_k - x^*| \leqslant \frac{L^k}{1 - L}|x_1 - x_0|,$$

式中, x^* 为精确值, 若取初值为 $x_0 = 0$, 则有 $x_1 = 4.5$ 且

$$|x_k - x^*| \leqslant \frac{(1/2)^k}{1/2} \times |4.5 - 0| = \frac{9}{2^k},$$

为了使近似解具有 10 位有效数字, 需要满足

$$\frac{9}{2^k} < 10^{-10},$$

解得 $k > 36.389\,2$, 取整数为 $k = 37$, 即大约要迭代 37 步.

2. 试证明, 对于任意初值 x_0, 迭代格式 $x_{k+1} = \cos x_k$ 都收敛于方程 $x = \cos x$ 的同一实根.

证: 对一切 $x \in [-1, 1]$, 函数 $\cos x$ 连续可导, $\cos x \in [\cos 1, 1] \subset [-1, 1]$, 且 $|\cos' x| = |\sin x| \leqslant \sin 1 < 1$ 对一切 $x \in [-1, 1]$ 成立. 由不动点迭代定理知, 方程 $x = \cos x$ 在 $[-1, 1]$ 上有唯一实根, 且对于 $[-1, 1]$ 上的任意初值迭代格式都收敛于该实根. 容易看到对于任意的初值 x_0, 经过一次迭代后 $x_1 = \cos x_0 \in [-1, 1]$. 因此对于任意的初值 x_0 此迭代格式也都收敛于同一实根.

3. 方程 $x^3 - 2x - 2 = 0$ 在 2 附近有一实根, 把方程写成下面的等价的形式, 并建立相应的迭代格式,

(a) $x = \sqrt[3]{2x + 2}$;

(b) $x = \dfrac{1}{2}(x^3 - 2)$;

(c) $x = \dfrac{2}{x^2 - 2}$.

试判别它们的收敛性. 选取一个最有效的格式进行计算.

解: 令 $f(x) = x^3 - 2x - 2$, $g_1(x) = \sqrt[3]{2x+2}$, $g_2(x) = \frac{1}{2}(x^3 - 2)$ 及 $g_3(x) = \frac{2}{x^2-2}$. 则 $f(1.6) = -1.104 < 0$, $f(2) = 2 > 0$. 因此方程的有根区间为 $[1.6, 2]$. 设三个等价形式相应的迭代公式为 $x_{k+1} = g_i(x_k)$. 对于任何 $x \in [1.6, 2]$, 有

$$|g_1'(x)| = \left| \frac{1}{3} \times \frac{1}{\sqrt[3]{(2x+2)^2}} \right| < 0.12 < 1,$$

$$|g_2'(x)| = \frac{3}{2}x^2 > \frac{3}{2} > 1,$$

$$|g_3'(x)| = \frac{|4x|}{(x^2-2)^2} \geqslant 1.6 > 1,$$

所以, 用 g_1 做迭代时收敛, 用 g_2 或 g_3 时不收敛. 用 MATLAB 写好 $g_1(x)$ 的函数文件, 保存为 g1.m.

```
function y = g1(x)
    y = (2*x + 2)^(1/3);
```
输入命令
```
>> x1 = 2;
   x2 = g1(x1);
   while abs(x2 - x1)>1e-5,
       x1 = x2;
       x2 = g1(x1);
   end
   x2
```
得到方程的近似根为 $x_2 = 1.769\ 3$.

4. 将 $x = \tan x$ 化为合适的迭代格式, 求解 $x = 4.5$ 附近的根.

解: 令 $f(x) = x - \tan x$, 由于 $f(4.5) < 0$, $f(4.4) > 0$, 因此方程的有根区间为 $[4.4, 4.5]$. 又因为反函数和原函数有相同的不动点, 我们考虑 $\tan x$ 在 4.5 附近的反函数 $g(x) = \arctan x + \pi$. 对于 $x \in [4.4, 4.5]$, 我们有

$$|g'(x)| = \left| \frac{1}{1+x^2} \right| < 0.5 < 1,$$

因此迭代格式 $x_{k+1} = g(x_k)$ 收敛. 用 MATLAB 写好 $g(x)$ 的函数文件, 保存为 g.m.
```
function y = g(x)
    y = atan(x) + pi;
```
输入命令
```
>> x1 = 4.5;
   x2 = g(x1);
   while abs(x2 - x1)>1e-5,
       x1 = x2;
       x2 = g(x1);
   end
   x2
```

得到方程的近似根为 $x_2 = 4.493\ 4$.

5. 求解下面的不动点方程, 若其迭代不收敛, 请加以改造, 给出一个收敛的迭代格式

$$x = \frac{1}{4}(\sin x + \cos x), \quad x = 4 - x^2, \quad x = 2\tan x.$$

解: (1) 令 $g_1(x) = \frac{1}{4}(\sin x + \cos x)$. 由于

$$|g_1'(x)| \leqslant \frac{1}{4} + \frac{1}{4} = \frac{1}{2} < 1,$$

且对于任意 $x \in \left[-\frac{1}{2}, \frac{1}{2}\right]$, $g(x) \in \left[-\frac{1}{2}, \frac{1}{2}\right]$, 方程在 $\left[-\frac{1}{2}, \frac{1}{2}\right]$ 中有一根. 因此迭代 $x_{k+1} = g_1(x_k)$ 收敛. 取初值为 0, 便可得如下的迭代序列:

$$0, \quad 0.25, \quad 0.304\ 1, \quad 0.313\ 4, \quad 0.314\ 9, \quad 0.315\ 1, \quad 0.315\ 2, \quad 0.315\ 2, \quad \cdots$$

方程的近似根因此可取为 $0.315\ 2$.

(2) 容易知道方程的两个根分别在区间 $[-2, -3]$ 和 $[1, 2]$ 中. 在这两个区间内, 函数 $4 - x^2$ 的导数的绝对值为 $|2x| > 1$, 因此迭代格式 $x_{k+1} = 4 - x_k^2$ 均不收敛. 令 $g_2(x) = \sqrt{4 - x}$, 对于区间 $[-2, -3]$ 和 $[1, 2]$ 中的任何 x, 我们有

$$|g_2'(x)| = \left|\frac{1}{2\sqrt{4-x}}\right| < \frac{1}{2} < 1,$$

因此对于区间 $[-2, -3]$ 迭代格式 $x_{k+1} = -g_2(x_k)$ 收敛, 对于区间 $[1, 2]$ 迭代格式 $x_{k+1} = g_2(x_k)$ 收敛. 对于这两个迭代格式, 分别取初值为 1.5 和 -2.5, 便可得以下的两个迭代序列:

$$1.5, \quad 1.581\ 1, \quad 1.555\ 3, \quad 1.563\ 6, \quad 1.560\ 9, \quad 1.561\ 8, \quad 1.561\ 5, \quad 1.561\ 6, \cdots$$

和

$$-2.5, \quad -2.549\ 5, \quad -2.559\ 2, \quad -2.561\ 1, \quad -2.561\ 5, \quad -2.561\ 5, \quad \cdots$$

方程的近似根因此可取为 $1.561\ 6$ 和 $-2.561\ 5$.

(3) 显然格式 $x_{k+1} = 2\tan x_k$ 不收敛. 该方程有无数个根, 设对于某个非零根附近的反函数表达式为

$$g_3(x) = \arctan\frac{x}{2} + k\pi, \quad k \neq 0.$$

由于反函数和原函数有相同的不动点, 因此我们改用等价的迭代格式 $x_{k+1} = g_3(x_k)$. 对于任何只包含此根 (不含其他根) 的闭区间 $[a, b]$,

$$|g_3'(x)| = \left|\frac{4}{4 + x^2}\right| \leqslant \frac{4}{4 + (\max\{|a|, |b|\})^2} < 1,$$

因此此迭代格式收敛.

6. 求解下面的非线性方程在区间 $[2, 3]$ 中的根, 精确到 4 位小数:

$$x\cos x + 2 = 0.$$

解: 令 $f(x) = \cos x + \frac{2}{x}$. 因为 $f(2) > 0$, $f(3) < 0$, $f(x)$ 在区间 $[2, 3]$ 上连续, 所以 $f(x)$ 在区间 $[2, 3]$ 上有一根, 可用二分法求此近似根. 编写二分法程序和求根的函数如下:

```
function x = bisect(f,a,b,tol)
% find the zero of f in interval [a,b]
%      with f(a),f(b) having different signs
% Usage x = bisect(f,a,b,tol)
  if nargin<4,      tol = 1e-5;
    if nargin<3,    b = a(2); a = a(1);
        if nargin<2, error('too few input!!');
        end; end; end
  fa = feval(f,a);
  fb = feval(f,b);
  if abs(fa)<tol,
    x = a; return;
  elseif abs(fb)<tol,
    x = b; return;
  elseif sign(fb)==sign(fa),
    error('f has the same signs at a and b!!');
  end
  while abs(b-a)>tol,
    t = a/2 + b/2;
    ft = feval(f,t);
    if abs(ft)<tol,
        x = t; return;
    elseif sign(ft)==sign(fb),
        fb = ft;      b = t;
    elseif sign(ft)==sign(fa),
        fa = ft;      a = t;
    end
  end
  x = (b+a)/2;
% end of bisect
```
编写文件如下:
```
function y = fun(x)
  y = cos(x) + 2/x;
```
输入调用命令如下:
```
>> x = bisect(@fun,2,3,1e-4)
```
求得方程的根为 $x = 2.4988$.

7. 若用牛顿法求解方程 $f(x) = \sin(x^3) = 0$, 效果如何? 你有什么加速的方法?

解: 方程 $f(x) = \sin(x^3) = 0$ 的根为 $x = \sqrt[3]{k\pi}$, k 为整数. 易知, 只有 $x = 0$ 是三重根, 其他皆为单根. 用牛顿法求解零之外的根都有二阶收敛性. 下面分析求解三重根, 即零根的方法.

设 $\varphi(x) = x - \dfrac{\sin(x^3)}{3x^2\cos(x^3)}$, 牛顿迭代方法为 $x_{k+1} = \varphi(x_k)$, 则

$$\varphi'(x) = 1 - \frac{[3x^2\cos(x^3)]^2 - [6x\cos(x^3) - 9x^4\sin(x^3)]\sin(x^3)}{[3x^2\cos(x^3)]^2}.$$

则有

$$\lim_{x\to 0}\varphi'(x) = 1 - \left(1 - \frac{2}{3}\right) = \frac{2}{3}.$$

因此, 若令 $\bar\varphi(x) = x - 3\dfrac{\sin(x^3)}{3x^2\cos(x^3)}$, 容易计算 $\lim\limits_{x\to 0}\bar\varphi'(x) = 0$. 而且, $x = \bar\varphi(x)$ 和 $x = \varphi(x)$ 有相同的不动点. 该方法也可以推广到其他重数重根的情形, 仅需要改变 $\bar\varphi(x)$ 之前的系数.

此外, 若 x^* 为 $f(x) = 0$ 的重根, 则 x^* 是 $f(x)/f'(x) = 0$ 的单根. 因此, 也可以把牛顿法应用在方程 $f(x)/f'(x) = 0$ 上.

8. 求解方程 $f(x) = 0$ 的 Halley 方法如下

$$x_{n+1} = x_n - \frac{f_n f_n'}{(f_n')^2 - (f_n f_n'')/2},$$

式中, $f_n = f(x_n)$. 说明这个公式是把牛顿法应用在 $f(x)/\sqrt{f'(x)} = 0$ 得到的. 编程实现该方法.

解: 令 $g(x) = f(x)/\sqrt{f'(x)}$, 则根据牛顿迭代公式, 我们有

$$\begin{aligned}
x_{n+1} &= x_n - \frac{g(x_n)}{g'(x_n)}\\
&= x_n - \frac{f_n}{\sqrt{f_n'}}\cdot\frac{f_n'}{(f_n'\sqrt{f_n'} - f_n f_n''/2\sqrt{f_n'})}\\
&= x_n - \frac{f_n f_n'}{(f_n')^2 - (f_n f_n'')/2}.
\end{aligned}$$

此即 Halley 方法的迭代公式. 因此这个公式是把牛顿法应用在 $f(x)/\sqrt{f'(x)} = 0$ 得到的. 我们编写其程序如下:

```
function [x,fx,it] = halley(x0,f,g,h,maxit,tol)
% Solve f(x)==0 by Halley method,
% Usage [x,fx,it] = halley(x0,f,g,h,maxit,tol)
% f,g,h are the function, and the 1st and 2nd derivatives of f
   if nargin<6,      tol = 1e-4;
      if nargin<5,    maxit = 100;
         if nargin<4, error('too few input!!');
         end; end; end;
   x    = x0;
   fx   = feval(f,x);
   for it = 1 : maxit,
      gx = feval(g,x);
```

```
            hx = feval(h,x);
            d  = fx * gx / (gx^2 - (fx * hx)/2);
            xn = x - d;
            fn = feval(f,xn);
            if abs(d)<tol,
                disp('Halley iteration successes!!');
                return;
            end
            x = xn;
            fx = fn;
        end
        disp('Halley iteration fails!!');
    % end of halley
```

9. 求出多项式 $p(x) = 63x^5 - 70x^3 + 15x - 1$ 在区间 $[-1,1]$ 中的所有根.

解: 首先, 用较多的离散点测试区间 $[-1,1]$ 中的较小的有根区间, 然后对于每个有根区间用牛顿法或割线法求根. 程序编写如下:

```
function test78
    a  = -1;
    b  = +1;
    p  = [ 63 0 -70 0 15 -1];
    h  = 0.01;
    x  = a:h:b;
    xl = x( diff(sign( polyval(p,x) ))~=0 );
    ep = 1e-10;
    fprintf('solutions are: \n');
    for k = 1:length(xl),
        xold  = xl(k);     fold = polyval(p,xold);
        xnew  = xold + h;  fnew = polyval(p,xnew);
        convg = 0;
        while ~convg,
            xt    = xnew - fnew / (fnew-fold) * (xnew-xold);
            xold  = xnew;
            fold  = fnew;
            xnew  = xt;
            fnew  = polyval(p,xt);
            convg = [ abs(fnew)<ep ];
        end
        fprintf('%16.10f with func value %16.10f\n', xnew,fnew);
    end
```

求得方程的 5 个近似根为 $x_1 = -0.886\,0$, $x_2 = -0.588\,9$, $x_3 = 0.068\,1$, $x_4 = 0.483\,8$, $x_5 = 0.922\,9$.

10. 用牛顿法或弦截法计算方程 $f(x) = 3x^3 - 8x^2 - 8x - 11 = 0$ 的某个近似根, 使误差具有精度 10^{-4}.

解: 容易知道方程在区间 $[3, 4]$ 上有唯一根, $f(3) < 0$, $f(4) > 0$. 取初值 $x_0 = 3.5$, 牛顿法的迭代公式为

$$x_{k+1} = x_k - \frac{3x_k^3 - 8x_k^2 - 8x_k - 11}{9x_k^2 - 16x_k - 8}.$$

迭代序列为

$$3.5, \quad 3.681\,081\,081\,081\,08, \quad 3.666\,761\,340\,462\,88, \quad 3.666\,666\,670\,790\,54,$$

$$3.666\,666\,666\,666\,67.$$

因此, 方程的近似解为 $3.666\,666\,666\,666\,67$.

11. 求解下面的非线性方程组, 取初值 $\boldsymbol{x}_0 = (0.8, 0.4)^{\mathrm{T}}$:

$$\begin{cases} 3x_1^2 - x_2^2 = 0, \\ 3x_1 x_2^2 - x_1^3 - 1 = 0. \end{cases}$$

解: 用牛顿迭代来求解. 向量形式的牛顿迭代公式如下:

$$\boldsymbol{x}^{(k+1)} = \boldsymbol{x}^{(k)} - [\boldsymbol{F}'(\boldsymbol{x}^{(k)})]^{-1} \boldsymbol{F}(\boldsymbol{x}^{(k)}),$$

其中

$$\boldsymbol{F}(\boldsymbol{x}) = \begin{pmatrix} 3x_1^2 - x_2^2 \\ 3x_1 x_2^2 - x_1^3 - 1 \end{pmatrix},$$

$$\boldsymbol{F}'(\boldsymbol{x}) = \begin{pmatrix} 6x_1 & -2x_2 \\ 3x_2^2 - 3x_1^2 & 6x_1 x_2 \end{pmatrix}.$$

迭代序列为: $(0.8, 0.4)^{\mathrm{T}}$, $(0.492\,9, 0.757\,1)^{\mathrm{T}}$, $(0.500\,7, 0.875\,2)^{\mathrm{T}}$, $(0.500\,0, 0.866\,0)^{\mathrm{T}}$, $(0.500\,0, 0.866\,0)^{\mathrm{T}}$. 因此, 经过 5 次迭代得到方程的近似解为 $\boldsymbol{x} = (0.500\,0, 0.866\,0)^{\mathrm{T}}$.

12. 求解下面的非线性方程组

$$\begin{cases} x^3 - x^2 - 10x - y - 2 = 0, \\ 2y^2 - x - 4y - 1 = 0. \end{cases}$$

解: 设变量 $\boldsymbol{z} = (z_1, z_2)^{\mathrm{T}} = (x, y)^{\mathrm{T}}$, 用牛顿法迭代:

$$\boldsymbol{z}^{(k+1)} = \boldsymbol{z}^{(k)} - [\boldsymbol{F}'(\boldsymbol{z}^{(k)})]^{-1} \boldsymbol{F}(\boldsymbol{z}^{(k)}),$$

其中

$$\boldsymbol{F}(\boldsymbol{z}) = \begin{pmatrix} z_1^3 - z_1^2 - 10z_1 - z_2 - 2 \\ 2z_2^2 - z_1 - 4z_2 - 1 \end{pmatrix},$$

$$\boldsymbol{F}'(\boldsymbol{z}) = \begin{pmatrix} 3z_1^2 - 2z_1 - 10 & -1 \\ -1 & 4z_2 - 4 \end{pmatrix}.$$

取不同的初值迭代, 可以得到不同的解, 见表 7-1(精度为 4 为小数):

表 7-1

初始点	$(-3,1)^{\mathrm{T}}$	$(-2,2)^{\mathrm{T}}$	$(0,2)^{\mathrm{T}}$	$(4,3)^{\mathrm{T}}$	$(0,0)^{\mathrm{T}}$	$(4,0)^{\mathrm{T}}$
解 $z_1=x$	$-2.542\,7$	$-2.471\,2$	$-0.441\,2$	$3.890\,9$	$-0.185\,4$	$3.749\,6$
解 $z_2=y$	$0.521\,8$	$1.514\,2$	$2.131\,1$	$2.856\,2$	$-0.186\,3$	$-0.837\,1$
迭代步	9	5	4	4	4	5

若取其他初值, 得到的结果可能不同, 但因该方程只有 6 个根, 会得到这些根中的一个, 迭代步数也会不同. 例如, 取初值 $z_0=(100,100)^{\mathrm{T}}$, 经过 13 步得到 $z^*=(3.890\,9,2.856\,2)^{\mathrm{T}}$.

13. 用二分法、不动点方法、牛顿法、割线法等求解下面各个问题, 列表比较各算法的性能.

(a) $x^5-3x-10=0$;

(b) $\sin 10x+2\cos x-x-3=0$;

(c) $x+\arctan x=3$;

(d) $(x+2)\ln(x^2+x+1)+1=0$.

解: 修改并利用第 6 题的二分法程序, 第 9 题的割线法程序, 教材上的牛顿法程序, 自行编写一个不动点迭代程序, 即可完成几个不同的方法, 所有方法的程序及过程整理如下.

首先, 给出每个方程的有根区间. 第一个方程的有根区间为 $[1,2]$. 对于第二个方程, 令 $f_2(x)=\sin 10x+2\cos x-x-3$, 则 $f_2(-2\pi)=2\pi-1>0$, $f_2(-\pi)=\pi-5<0$, 有根区间为 $[-2\pi,-\pi]$. 对于第三个方程, 令 $f_3(x)=x+\arctan x-3$, 则 $f_3(1)=1+\dfrac{\pi}{4}-3<0$, $f_3(3)=\arctan 3>0$, 有根区间为 $[1,3]$. 对于第四个方程, 令 $f_4(x)=(x+2)\ln(x^2+x+1)+1$, 则 $f_4(-2)=1>0$, $f_4(-3)=-\ln 7+1<0$, 有根区间为 $[-3,-2]$.

其次, 给出每个方程的不动点迭代方法: 假设分别为

$$x_{k+1}=\sqrt[5]{3x_k+10},$$
$$x_{k+1}=\sin 10x_k+2\cos x_k-3,$$
$$x_{k+1}=3-\arctan x_k,$$
$$x_{k+1}=-\frac{1}{\ln(x_k^2+x_k+1)}-2.$$

计算结果见表 7-2, 它们由随后的 MATLAB 程序给出:

表 7-2

问题	二分法	不动点	牛顿法	割线法
1: 解	$1.722\,6$	$1.722\,6$	$1.722\,6$	$1.722\,6$
1: 迭代步	20	5	4	7
2: 解	$-4.091\,3$	$-1.077\,3$	$-4.091\,3$	$-4.091\,3$
2: 迭代步	22	78	16	9
3: 解	$1.911\,3$	$1.911\,3$	$1.911\,3$	$1.911\,3$
3: 迭代步	21	8	2	4
4: 解	$-2.607\,2$	$-2.607\,2$	$-2.607\,2$	$-2.607\,2$
4: 迭代步	20	10	3	5

　　注意到第二个方程的不动点算法收敛到区间外的根 $-1.077\,3$. 所有计算过程都写在下面的 MATLAB 文件中:

```
function test713
    a   = [ 1 -2*pi 1 -3];
    b   = [ 2  -pi  3 -2];
    tol = 1e-6;
    maxit = 100;
    fprintf('   ===   Solution and Iteration  Numbers   ===\n');
    fprintf('   PROB  BISECT  FIXEDPOINT   NEWTON   SECANT\n');
    fprintf('   ------------------------------------------\n');
    for np = 1:4,
        a1 = a(np);
        b1 = b(np);
        [x1,it1] = bisect(np, a1, b1, maxit, tol);
        [x2,it2] = fixpnt(np, (a1+b1)/2, maxit, tol);
        [x3,it3] = newton(np, (a1+b1)/2, maxit, tol);
        [x4,it4] = secant(np, a1, b1, maxit, tol);
        fprintf('%6d '    ,np);
        fprintf('  %8.4f',x1,x2,x3,x4);
        fprintf('\n      ');
        fprintf('%10d',it1,it2,it3,it4);
        fprintf('\n');
    end

function [x,it] = bisect(np, a, b, maxit, tol)
    fa = testf(a,np);
    fb = testf(b,np);
    it = 0;
    while abs(b-a)>tol,
        it = it + 1;
        x = a/2+b/2;
        fx = testf(x,np);
        if sign(fx)==sign(fa),
            a = x; fa = fx;
        else
            b = x; fb = fx;
        end
    end
```

```
function [x,it] = fixpnt(np, a, maxit, tol)
switch np,
    case 1,
        phi = inline('(3*x+10)^(1/5)');
    case 2,
        phi = inline('sin(10*x)+2*cos(x)-3');
    case 3,
        phi = inline('3-atan(x)');
    case 4,
        phi = inline('-2-1/log(x^2+x+1)');
end
    it = 0;
    x  = phi(a);
    while it<=maxit & abs(x-a)>tol,
        it = it + 1;
        a  = x;
        x  = phi(a);
    end

function [x,it] = newton(np, a, maxit, tol)
    it = 0;
    x  = a;
    [f,g] = testf(x,np);
    while it<=maxit & abs(f)>tol,
        it = it + 1;
        x  = x - g\f;
        [f,g] = testf(x,np);
    end

function [x,it] = secant(np, a, b, maxit, tol)
    it = 0;
    xo = a;
    x  = b;
    fo = testf(xo,np);
    f  = testf(x,np);
    while it<=maxit & abs(f)>tol,
        it = it + 1;
        xt = x - f / (f-fo) * (x-xo);
        xo = x;
```

```
        fo = f;
        x  = xt;
        f  = testf(x,np);
    end

function [f,g] = testf(x,np)
switch np,
    case 1,
        p = [ 1 0 0 0 -3 -10 ];
        f = polyval(p,x);
        g = polyval(polyder(p),x);
    case 2,
        f = sin(10*x) + 2*cos(x) - x - 3;
        g = 10*cos(10*x) - 2*sin(x) - 1;
    case 3,
        f = x + atan(x) - 3;
        g = 1 + 1/(x^2+1);
    case 4,
        f = (x+2)*log(x^2+x+1) + 1;
        g = log(x^2+x+1) + (x+2)/(x^2+x+1) * (2*x+1);
end
```

主程序给出了每个问题的有根区间、控制误差以及最大迭代步数, 而后调用每个方法. bisect、fixpnt、newton 和 secant 函数分别实现了二分法、不动点迭代、牛顿法和割线法. testf 根据不同的函数返回 f,g, 即每个问题的函数值和导数值, 后者仅供牛顿法使用. 变量 np 为问题编号, 它在每个子程序和函数求值中相互传递. 不动点方法的迭代格式可以自行改变, 与其他方法的运行不会相互影响.

§7.2　数值实验七

1. 编写牛顿方法和拟牛顿方法的程序来求解下面方程组:
$$\begin{cases} (x-2)^2 + (y-3+2x)^2 = 5, \\ 2(x-3)^2 + (y/3)^2 = 4. \end{cases}$$

解: 教材上的牛顿法程序也可以应用于多变量的问题, 只需要编写函数文件即可. 首先编写下面程序, 保存为 ff.m:

```
function [f,g] = ff(x)
  f = [ (x(1)-2)^2+(x(2)-3+2*x(1))^2-5
        2*(x(1)-3)^2+(x(2)/3)^2-4      ];
  g = [ 2*(x(1)-2)+4*(x(2)-3+2*x(1))    2*(x(2)-3+2*x(1))
        4*(x(1)-3)                      2*x(2)/3            ];
```

　　　　用拟牛顿法编写程序如下, 我们还需要前面的函数 ff.m.

```
function [x,it,f] = broyden(fun,x0,maxit,tol)
% Use Quasi-Newton method to solve equations
    if nargin<4,         tol = 1e-10;
        if nargin<3,  maxit = 1000;
            if nargin<2, x0 = [3 2]';
            end; end; end
    A  = eye( length(x0) );
    f0 = feval(fun,x0);
    s  = -f0;
    x  = x0 + s;
    f  = feval(fun,x);
    y  = f - f0;
    for it = 1:maxit,
        A  = A + (s-A*y)*s'*A/(s'*A*y);
        xt = x - A*f;
        ft = feval(fun,xt);
        s  = xt - x;
        y  = ft - f;
        x  = xt;
        f  = ft;
        if norm(s)<=tol,
            disp('Broyden successes!');
            return
        end
    end
    disp('Broyden fails!');
% end of broyden
```

调用情形为

```
>> [x,it,f] = broyden('ff',[1,2]')
Broyden successes!
x =
        1.73622590043996
       -2.69290743529402
it =
    15
f =
    6.12843109593086e-014
    1.33226762955019e-014
```

该方程有多解, 输入的初始解不同时可能得到不同的解.

2. 尝试用各种方法计算下面方程在区间 $[-10, 10]$ 中的所有根:

$$\sum_{k=1}^{10} k e^{-\cos kx} \sin kx = 2.$$

解: 该函数的图像如图 7-1 所示. 可以看到, 这是一个震荡非常厉害的函数, 它在区间 $[-10, 10]$ 中的根多达几十个.

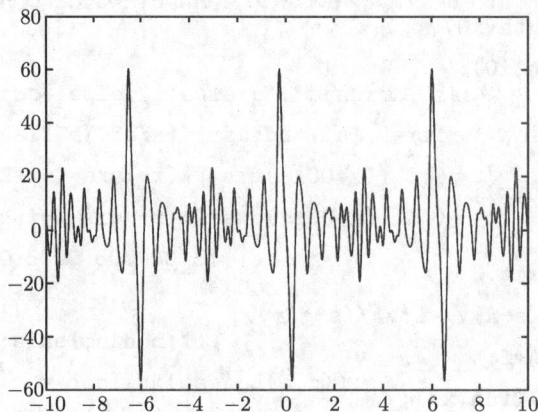

图 7-1

可以采用和第 9 题相似的方式, 先给出各个有根区间, 再在每个小的有根区间中用割线法, 或者二分法. 因为非线性的性态比较严重, 牛顿法可能会求得区间外的根.

下面的程序给出函数的图像, 定出有根区间, 并把所有根放在变量 X 中. 该方程在区间 $[-10, 10]$ 中的根有 79 个. 相邻两根之间的距离从 0.06 到 0.45 不等.

```
function X = expr7
    format long g
    n = 10000;
    x = linspace(-10,10,n);
    v = f7(x);
    plot(x,v,'r-');
    X = [];
    for k = 1:n-1,
        if abs(v(k)) <= 1e-12,
            X = [ X x(k) ];
        elseif sign(v(k))~=sign(v(k+1)),
            xs = secant( @f7, x(k), x(k+1) );
            X = [ X xs ];
        end
    end

function x = secant(f,a,b)
```

```
    fa = feval(f,a);
    fb = feval(f,b);
    while abs(a-b) >= 1e-12,
        x = a - fa / (fa-fb) * (a-b);
        fx = feval(f,x);
        a = b; fa = fb;
        b = x; fb = fx;
        if abs(fx) <= 1e-12,
            return;
        end
    end


function v = f7(x)
    v = 2 * ones(size(x));
    for k = 1:10,
        v = v - k * exp(-cos(k*x)) .* sin(k*x);
    end
```

3. 求解下面的非线性方程组

$$\begin{cases} xy - z^2 = 1, \\ xyz - x^2 + y^2 = 2, \\ e^x - e^y + z = 3. \end{cases}$$

解: 编写函数文件如下:

```
function v = f73(x)
    v = [ x(1)*x(2)-x(3)^2-1
          prod(x)-x(1)^2+x(2)^2-2
          exp(x(1))-exp(x(2))+x(3)-3 ];
```

和

```
function v = g73(x)
    v = [ x(2) x(1) -2*x(3)
          x(1)*x(2)-2*x(1) x(1)*x(3)+2*x(2) x(1)*x(2)
          exp(x(1)) -exp(x(2)) 1 ];
```

调用教材中的函数 newton.m

```
>> [x,it] = newton([1 1 1]','f73','g73')
Newton Iteration successes!!
x =
    1.7777
    1.4240
    1.2375
it =
    12
```

4. 给定正整数 $n \geqslant 2$, 求解下面的非线性方程组

$$\begin{cases} \frac{x_k}{x_k+1} \cdot \ln x_k + x_{k+1} = 4, & k = 1, 2, \cdots, n-1, \\ x_n - x_1 = (n-1)/100. \end{cases}$$

解: 编写程序如下, 该程序画出了不同维数方程组近似解的第一个分量的变化趋势:

```
function test74(N)
    if nargin<1, N = 100; end
    tol = 1e-10;
    maxit = 20000;
    x1 = 3;
    close; hold on;
    for n = 2:N,
        it = 0;
        x(1) = x1;
        done = 0;
        while ~done & it<maxit,
            it = it + 1;
            for k = 1:n-1,
                x(k+1) = 4 - x(k)/( x(k)+1 ) * log(x(k));
            end
            xn1 = x(n) - (n-1)/100;
            if abs( xn1 - x(1) ) <= tol,
                done = 1;
            else
                x(1) = xn1;
            end
        end
        plot(n,x(1),'r.','markersize',12);
        axis([0 N 2 4])
        x1 = x(1);
        pause(0.05);
    end
```

第8章 矩阵特征值与特征向量的计算

§8.1 习 题 八

1. 用乘幂法求下列矩阵的按模最大特征值及其对应的特征向量:

$$(1)\ \begin{pmatrix} 2 & 3 & 2 \\ 10 & 3 & 4 \\ 3 & 6 & 1 \end{pmatrix};\qquad (2)\ \begin{pmatrix} 3 & -4 & 3 \\ -4 & 6 & 3 \\ 3 & 3 & 1 \end{pmatrix}.$$

当特征值有三位小数稳定时迭代终止.

解: (1) 取 $v_0 = (1,1,1)^T$, 则 $u_0 = (1,1,1)^T$, 计算结果见表 8-1.

表 8-1

i	$v_i = Au_{i-1}$	P_i	$u_i = v_i/P_i$
1	$(7, 17, 10)^T$	17	$(0.411\,8, 1.000\,0, 0.588\,2)^T$
2	$(5.000\,0, 9.470\,6, 7.823\,5)^T$	9.470\,6	$(0.528\,0, 1.000\,0, 0.826\,1)^T$
3	$(5.708\,1, 11.583\,9, 8.409\,9)^T$	11.583\,9	$(0.492\,8, 1.000\,0, 0.726\,0)^T$
4	$(5.437\,5, 10.831\,6, 8.204\,3)^T$	10.831\,6	$(0.502\,0, 1.000\,0, 0.757\,4)^T$
5	$(5.518\,9, 11.049\,8, 8.263\,5)^T$	11.049\,8	$(0.499\,5, 1.000\,0, 0.747\,8)^T$
6	$(5.494\,6, 10.985\,9, 8.246\,2)^T$	10.985\,9	$(0.500\,1, 1.000\,0, 0.750\,6)^T$
7	$(5.501\,5, 11.004\,0, 8.251\,1)^T$	11.004\,0	$(0.500\,0, 1.000\,0, 0.749\,8)^T$
8	$(5.499\,6, 10.998\,7, 8.249\,7)^T$	10.998\,9	$(0.500\,0, 1.000\,0, 0.750\,0)^T$
9	$(5.500\,1, 11.000\,3, 8.250\,1)^T$	11.000\,3	$(0.500\,0, 1.000\,0, 0.750\,0)^T$
10	$(5.500\,0, 10.999\,9, 8.250\,0)^T$	11.000\,0	$(0.500\,0, 1.000\,0, 0.750\,0)^T$

因此矩阵的按模最大的特征值为 11.000, 对应的特征向量为 $(0.500, 1.000, 0.750)^T$.

(2) 取 $v_0 = (1,1,1)^T$, 则 $u_0 = (1,1,1)^T$, 计算结果见表 8-2.

表 8-2

i	$v_i = Au_{i-1}$	P_i	$u_i = v_i/P_1$
1	$(2, 5, 7)^T$	7	$(0.285\,7, 0.714\,3, 1.000\,0)^T$
2	$(1.000\,0, 6.142\,9, 4.000\,0)^T$	6.142\,9	$(0.162\,8, 1.000\,0, 0.651\,2)^T$
3	$(-1.558\,1, 7.302\,3, 4.139\,5)^T$	7.302\,3	$(-0.213\,4, 1.000\,0, 0.566\,9)^T$
4	$(-2.939\,5, 8.554\,1, 2.926\,8)^T$	8.554\,1	$(-0.343\,6, 1.000\,0, 0.342\,1)^T$
5	$(-4.004\,5, 8.401\,0, 2.311\,2)^T$	8.401\,0	$(-0.476\,7, 1.000\,0, 0.275\,1)^T$
6	$(-4.604\,7, 8.732\,0, 1.845\,1)^T$	8.732\,0	$(-0.527\,3, 1.000\,0, 0.211\,3)^T$
7	$(-4.948\,1, 8.743\,2, 1.629\,3)^T$	8.743\,2	$(-0.565\,9, 1.000\,0, 0.186\,4)^T$
8	$(-5.138\,7, 8.822\,8, 1.488\,6)^T$	8.822\,8	$(-0.582\,4, 1.000\,0, 0.168\,7)^T$
9	$(-5.241\,2, 8.835\,9, 1.421\,4)^T$	8.835\,9	$(-0.593\,2, 1.000\,0, 0.160\,9)^T$
10	$(-5.296\,9, 8.855\,3, 1.381\,4)^T$	8.855\,3	$(-0.598\,2, 1.000\,0, 0.156\,0)^T$
11	$(-5.326\,5, 8.860\,6, 1.361\,5)^T$	8.860\,6	$(-0.601\,1, 1.000\,0, 0.153\,7)^T$
12	$(-5.342\,5, 8.865\,5, 1.350\,2)^T$	8.865\,5	$(-0.602\,6, 1.000\,0, 0.152\,3)^T$
13	$(-5.350\,9, 8.867\,3, 1.344\,5)^T$	8.867\,3	$(-0.603\,4, 1.000\,0, 0.151\,6)^T$
14	$(-5.355\,5, 8.868\,6, 1.341\,3)^T$	8.868\,6	$(-0.603\,9, 1.000\,0, 0.151\,2)^T$
15	$(-5.357\,9, 8.869\,2, 1.339\,6)^T$	8.869\,2	$(-0.604\,1, 1.000\,0, 0.151\,0)^T$

因此矩阵的按模最大的特征值为 8.869, 对应的特征向量为 $(-0.604, 1.000, 0.151)^{\mathrm{T}}$.

2. 用反幂法求矩阵 $\boldsymbol{A} = \begin{pmatrix} 2 & 0 & 0 \\ 2 & 2 & 1 \\ 1 & 1 & 2 \end{pmatrix}$ 的按模最小特征值及其相应的特征向量, 当特征值

有三位小数稳定时迭代终止.

解: 取 $\boldsymbol{v}_0 = (1, 1, 1)^{\mathrm{T}}$, 则 $\boldsymbol{u}_0 = (1, 1, 1)^{\mathrm{T}}$, 对 $\boldsymbol{A}$ 进行 LU 分解, 有

$$\boldsymbol{A} = \boldsymbol{LU} = \begin{pmatrix} 1 & 0 & 0 \\ 1 & 1 & 0 \\ 0.5 & 0.5 & 1 \end{pmatrix} \begin{pmatrix} 2 & 0 & 0 \\ 0 & 2 & 1 \\ 0 & 0 & 1.5 \end{pmatrix}.$$

计算过程如下:

$$\boldsymbol{u}_k = \frac{\boldsymbol{v}_k}{\boldsymbol{v}_k\text{的按模最大分量}},$$
$$\boldsymbol{Ly}_k = \boldsymbol{u}_k,$$
$$\boldsymbol{Uv}_{k+1} = \boldsymbol{y}_k, \quad k = 1, 2, \cdots.$$

结果见表 8-3.

表 8-3

k	$\boldsymbol{v}_k$	$\boldsymbol{u}_k$	$\dfrac{1}{\max(\boldsymbol{v}_k)}$
0	$(1, 1, 1)^{\mathrm{T}}$	$(1, , 11)^{\mathrm{T}}$	1
1	$(0.500\ 0, -0.166\ 7, 0.333\ 3)^{\mathrm{T}}$	$(1.000\ 0, -0.333\ 3, 0.666\ 7)^{\mathrm{T}}$	2
2	$(0.500\ 0, -0.944\ 4, 0.555\ 6)^{\mathrm{T}}$	$(-0.529\ 4, 1.000\ 0, -0.588\ 2)^{\mathrm{T}}$	$-1.058\ 8$
3	$(-0.264\ 7, 1.127\ 5, -0.725\ 5)^{\mathrm{T}}$	$(-0.234\ 8, 1.000\ 0, -0.643\ 5)^{\mathrm{T}}$	$0.887\ 0$
4	$(-0.117\ 4, 0.998\ 6, -0.762\ 3)^{\mathrm{T}}$	$(-0.117\ 6, 1.000\ 0, -0.763\ 4)^{\mathrm{T}}$	$1.001\ 5$
5	$(-0.058\ 8, 0.979\ 9, -0.842\ 3)^{\mathrm{T}}$	$(-0.060\ 0, 1.000\ 0, -0.859\ 5)^{\mathrm{T}}$	$1.020\ 5$
6	$(-0.030\ 0, 0.983\ 2, -0.906\ 4)^{\mathrm{T}}$	$(-0.030\ 5, 1.000\ 0, -0.921\ 9)^{\mathrm{T}}$	$1.017\ 1$
7	$(-0.015\ 3, 0.989\ 2, -0.947\ 9)^{\mathrm{T}}$	$(-0.015\ 4, 1.000\ 0, -0.958\ 3)^{\mathrm{T}}$	$1.010\ 9$
8	$(-0.007\ 7, 0.993\ 8, -0.972\ 2)^{\mathrm{T}}$	$(-0.007\ 8, 1.000\ 0, -0.978\ 2)^{\mathrm{T}}$	$1.006\ 2$
9	$(-0.003\ 9, 0.996\ 6, -0.985\ 5)^{\mathrm{T}}$	$(-0.003\ 9, 1.000\ 0, -0.988\ 8)^{\mathrm{T}}$	$1.003\ 4$
10	$(-0.001\ 9, 0.998\ 2, -0.992\ 6)^{\mathrm{T}}$	$(-0.001\ 9, 1.000\ 0, -0.994\ 3)^{\mathrm{T}}$	$1.001\ 8$
11	$(-0.001\ 0, 0.999\ 1, -0.996\ 2)^{\mathrm{T}}$	$(-0.001\ 0, 1.000\ 0, -0.997\ 1)^{\mathrm{T}}$	$1.000\ 9$
12	$(-0.000\ 5, 0.999\ 5, -0.998\ 1)^{\mathrm{T}}$	$(-0.000\ 5, 1.000\ 0, -0.998\ 6)^{\mathrm{T}}$	$1.000\ 5$

因此矩阵 $\boldsymbol{A}$ 的按模最小特征值为 1.001, 对应的特征向量为 $(-0.001, 1.000, -1.000)^{\mathrm{T}}$.

3. 用反幂法求矩阵 $\boldsymbol{A} = \begin{pmatrix} 6 & 2 & 1 \\ 2 & 3 & 1 \\ 1 & 1 & 1 \end{pmatrix}$ 的最接近于 6 的特征值及其相应的特征向量.

解: 令 $p = 6$, 对 $\boldsymbol{A} - p\boldsymbol{I}$ 进行带排列的 LU 分解, 有

$$\boldsymbol{P}(\boldsymbol{A} - p\boldsymbol{I}) = \boldsymbol{LU} = \begin{pmatrix} 1 & 0 & 0 \\ 0.5 & 1 & 0 \\ 0 & 0.8 & 1 \end{pmatrix} \begin{pmatrix} 2 & -3 & 1 \\ 0 & 2.5 & -5.5 \\ 0 & 0 & 5.4 \end{pmatrix},$$

其中
$$P = \begin{pmatrix} 0 & 1 & 0 \\ 0 & 0 & 1 \\ 1 & 0 & 0 \end{pmatrix}.$$

计算过程如下：
$$u_k = \frac{v_k}{v_k\text{的按模最大分量}},$$
$$Ly_k = P^T u_k,$$
$$Uv_{k+1} = y_k, \quad k = 1, 2, \cdots.$$

取 $v_0 = (1,1,1)^T$，则 $u_0 = (1,1,1)^T$，结果如表 8-4 所示.

表 8-4

k	v_k	u_k	$p + \dfrac{1}{\max(v_k)}$
0	$(1,1,,1)^T$	$(1,,1,1)^T$	7
1	$(1.111\,1, 0.444\,4, 0.111\,1)^T$	$(1.000\,0, 0.400\,0, 0.100\,0)^T$	6.900 0
2	$(0.700\,0, 0.400\,0, 0.200\,0)^T$	$(1.000\,0, 0.571\,4, 0.285\,7)^T$	7.428 6
3	$(0.804\,2, 0.407\,4, 0.185\,2)^T$	$(1.000\,0, 0.506\,6, 0.230\,3)^T$	7.243 4
4	$(0.767\,5, 0.405\,7, 0.188\,6)^T$	$(1.000\,0, 0.528\,6, 0.245\,7)^T$	7.302 9
5	$(0.779\,4, 0.406\,0, 0.187\,9)^T$	$(1.000\,0, 0.521\,0, 0.241\,1)^T$	7.283 1
6	$(0.775\,4, 0.406\,0, 0.188\,1)^T$	$(1.000\,0, 0.523\,6, 0.242\,5)^T$	7.289 6
7	$(0.776\,7, 0.406\,0, 0.188\,0)^T$	$(1.000\,0, 0.522\,7, 0.242\,1)^T$	7.287 5
8	$(0.776\,3, 0.406\,0, 0.188\,0)^T$	$(1.000\,0, 0.523\,0, 0.242\,2)^T$	7.288 2
9	$(0.776\,4, 0.406\,0, 0.188\,0)^T$	$(1.000\,0, 0.522\,9, 0.242\,2)^T$	7.287 9

因此矩阵 A 的最接近于 6 的特征值为 7.288，对应的特征向量为 $(1.000, 0.523, 0.242)^T$.

4. 已知矩阵 $A = \begin{pmatrix} 2 & 1 & 0 \\ 1 & 3 & 1 \\ 0 & 1 & 4 \end{pmatrix}$ 的近似特征值 $\bar{\lambda}_3 = 1.267\,9$（准确特征值为 $\lambda_3 = 3 - 3^{1/3}$），试求该特征值对应的特征向量.

解： 对 $A - \bar{\lambda}_3 I$ 进行带排列的 LU 分解，有
$$P(A - pI) = LU = \begin{pmatrix} 1.000\,0 & 0 & 0 \\ 0 & 1.000\,0 & 0 \\ 0.732\,1 & -0.268\,1 & 1.000\,0 \end{pmatrix} \begin{pmatrix} 1.000\,0 & 1.732\,1 & 1.000\,0 \\ 0 & 1.000\,0 & 2.732\,1 \\ 0 & 0 & 0.000\,3 \end{pmatrix},$$

其中
$$P = \begin{pmatrix} 0 & 1 & 0 \\ 0 & 0 & 1 \\ 1 & 0 & 0 \end{pmatrix}.$$

计算过程如下：
$$u_k = \frac{v_k}{v_k\text{的按模最大分量}},$$
$$Ly_k = P^T u_k,$$
$$Uv_{k+1} = y_k, \quad k = 1, 2, \cdots.$$

取 $\boldsymbol{v}_0 = (1,1,1)^{\mathrm{T}}$, 则 $\boldsymbol{u}_0 = (1,1,1)^{\mathrm{T}}$, 结果如表 8-5 所示.

因此该特征值 λ_3 对应的特征向量为 $(1.000\,0, -0.732\,1, 0.267\,9)^{\mathrm{T}}$.

表 8-5

k	$\boldsymbol{v}_k$	$\boldsymbol{u}_k$	$\bar{\lambda}_3 + \dfrac{1}{\max(v_k)}$
0	$(1,1,,1)^{\mathrm{T}}$	$(1,,1,1)^{\mathrm{T}}$	2.267 9
1	$(6.776\,4, -4.960\,0, 1.815\,8)^{\mathrm{T}} \times 10^3$	$(1.000\,0, -0.732\,0, 0.268\,0)^{\mathrm{T}}$	1.268 0
2	$(2.032\,7, -1.488\,1, 0.544\,7)^{\mathrm{T}} \times 10^4$	$(1.000\,0, -0.732\,1, 0.267\,9)^{\mathrm{T}}$	1.267 9
3	$(2.032\,8, -1.488\,1, 0.544\,7)^{\mathrm{T}} \times 10^4$	$(1.000\,0, -0.732\,1, 0.267\,9)^{\mathrm{T}}$	1.267 9

5. 对矩阵

$$(1)\quad \boldsymbol{A} = \begin{pmatrix} 3 & 1 & 0 \\ 1 & 4 & 2 \\ 0 & 2 & 3 \end{pmatrix}; \quad (2)\quad \boldsymbol{A} = \begin{pmatrix} 1 & 4 & 5 \\ 2 & 5 & 6 \\ 2 & 2 & 0 \end{pmatrix}.$$

进行 QR 分解.

解: 如同习题五的练习 10, 可以用 Householder 变换得到 QR 分解. 也可以在 MATLAB 命令行上操作得到结果. 例如, 对于小题 (1):

```
>> A = [3 1 0; 1 4 2; 0 2 3]
A =
    3     1     0
    1     4     2
    0     2     3
>> [Q,R] = qr(A)
Q =
  -0.9487    0.2741    0.1576
  -0.3162   -0.8224   -0.4729
        0   -0.4984    0.8669
R =
  -3.1623   -2.2136   -0.6325
        0   -4.0125   -3.1402
        0         0    1.6550
```

§8.2　数值实验八

1. 用乘幂法计算下列矩阵的主特征值和对应的特征向量的近似向量, 精度 $\epsilon = 10^{-5}$.

$$(1)\quad \begin{pmatrix} 1 & 3 & 3 \\ 2 & 1 & 3 \\ 3 & 3 & 6 \end{pmatrix}; \quad (2)\quad \begin{pmatrix} -4 & 14 & 0 \\ -5 & 13 & 0 \\ -1 & 0 & 2 \end{pmatrix}.$$

解: 编写乘幂法程序如下:

```
function [lambda,x,done] = test81(A,tol,maxit)
    if nargin<3, maxit = 2000;
```

```
            if nargin<2, tol = 1e-5;
            end; end
        done = 0;
        it = 0;
        x = ones(size(A,1),1);
        while ~done & it<=maxit,
            u = A*x;
            [tmp,ind] = max( abs(u) );
            lambda = u(ind);
            xn = u / u(ind);
            it = it + 1;
            if norm(xn - x) <= tol,
                done = 1;
            else
                x = xn;
            end
        end
    end
```

在 MATLAB 命令行运行

```
>> A = [1 3 3;2 1 3;3 3 6];
>> [lambda,x,done] = test81(A)
lambda =
    9.1646
x =
    0.5522
    0.5027
    1.0000
done =
    1
>> eig(A)
ans =
    9.1646
   -1.3986
    0.2341
```

第 2 小题同理可以完成.

2. 用原点位移反幂法计算 $A = \begin{pmatrix} 0 & 11 & -5 \\ -2 & 17 & -7 \\ -4 & 26 & -10 \end{pmatrix}$ 的分别对应于特征值 $\lambda_1 \approx \bar{\lambda}_1 = 1.001$,

$\lambda_2 \approx \bar{\lambda}_2 = 2.001$, $\lambda_3 \approx \bar{\lambda}_3 = 4.001$ 的特征向量 X_1, X_2, X_3 的近似向量, 相邻迭代误差为 0.001. 并将计算结果与精确特征向量进行比较.

解: 编写程序如下:

```
function [lamn,X] = test82(A,lam)
    if nargin<2,
        lam = [ 1.001 2.001 4.001 ]';
        if nargin<1,
            A = [ 0 11 -5; -2 17 -7; -4 26 -10];
        end; end
    tol = 1e-3;
    n = size(A,1);
    for k = 1:length(lam),
        lambda = lam(k);
        done = 0;
        x = rand(n,1);
        while ~done,
            [L,U] = lu(  A - lambda*eye(n) );
            u = U \ (L\x);
            [tmp,ind] = max( abs(u) );
            lambdan = lambda + 1/u(ind);
            xn = u / u(ind);
            if abs(xn-x)<=tol & abs(lambdan-lambda)<=tol,
                done = 1;
            else
                x = xn;
                lambda = lambdan;
            end
        end
        lamn(k) = lambda;
        X(:,k) = x;
    end
```

在 MATLAB 命令行上运行, 有以下结果

```
>> A = [ 0 11 -5; -2 17 -7; -4 26 -10];
>> [V,D]=eig(A)
V =
   -0.4082    0.2182   -0.3244
   -0.4082    0.4364   -0.4867
   -0.8165    0.8729   -0.8111
D =
    1.0000         0         0
         0    2.0000         0
```

```
            0            0    4.0000
>> [l,X] = test82
l =
    1.0000    2.0000    4.0000
X =
    0.5000    0.2500    0.4000
    0.5000    0.5000    0.6000
    1.0000    1.0000    1.0000
```

注意: 在程序中我们使用了随机的初始向量, 所以每次运行结果会有所不同. 此外, MATLAB 中显示的特征向量长度为 1, 而该程序的特征向量最大分量为 1. 两者未必相同, 但是每个对应的特征向量是近似平行的.

3. 写出 QR 方法的 MATLAB 程序, 利用此程序求实对称矩阵 A 全部特征值并与 A 全部特征值的真实值比较, 精度为 $\epsilon = 10^{-4}$.

$$A = \begin{pmatrix} 5 & 2 & 2 & 1 \\ 2 & -3 & 1 & 1 \\ 2 & 1 & 3 & 1 \\ 1 & 1 & 1 & 2 \end{pmatrix}.$$

解: 编写程序如下, 在命令行运行 test83 即可:

```
function test83(A)
    if nargin<1,
        A = [ 5 2 2 1; 2 -3 1 1; 2 1 3 1; 1 1 1 2];
    end
    tol = 1e-4;
    maxit = 2000;
    it = 1;
    done = 0;
    lambda = eig(A);
    while ~done & it<maxit,
        [Q,R] = qr(A);
        B = R*Q;
        if norm(diag(A)-diag(B))<=tol,
            done = 1;
        else
            A = B;
        end
        it = it + 1;
    end
    A
    norm( sort(diag(A)) - lambda )
```

4. 考虑 n 阶三对角矩阵

$$\boldsymbol{A} = \begin{pmatrix} 2 & -1 & 0 & \cdots & 0 \\ -1 & 2 & -1 & \cdots & 0 \\ 0 & -1 & 2 & \cdots & 0 \\ \vdots & \vdots & \vdots & \ddots & \vdots \\ 0 & 0 & 0 & -1 & 2 \end{pmatrix},$$

分别计算当 $n = 2, 4, 6, 8, \cdots$ 时, 矩阵 $\boldsymbol{A}$ 的条件数 $\mathrm{cond}(\boldsymbol{A})_2 = \dfrac{\lambda_{\max}(\boldsymbol{A})}{\lambda_{\min}(\boldsymbol{A})}$.

解: 由于矩阵 $\boldsymbol{A}$ 是实对称矩阵, 特征值全为实数. 编写运用 QR 方法解此题的程序如下:

```
function c = qrmaxtr1(n,tol)
    A  = diag(-ones(n-1,1),-1) + diag(-ones(n-1,1),1) + diag(2*ones(n,1));
    k  = 1;
    A0 = zeros(n);
    while norm( diag(A-A0) ) > tol,
        k = k + 1;
        A0 = A;
        [q,r] = qr(A);
        A = r*q;
    end
    t = diag(A);
    c = max(abs(t))/min(abs(t));
```

其中 n 是矩阵 $\boldsymbol{A}$ 的阶数, tol 是误差限. 依次如下输入

```
>> qrmaxtr1(2,1e-10)
ans =
    3.0000
>> qrmaxtr1(4,1e-10)
ans =
    9.4721
>> qrmaxtr1(6,1e-10)
ans =
    19.1957
>> qrmaxtr1(8,1e-10)
ans =
    32.1634
>> qrmaxtr1(10,1e-10)
ans =
    48.3742
```

得到相应阶数的矩阵 $\boldsymbol{A}$ 的条件数分别为 3.000 0, 9.472 1, 19.195 7, 32.163 4 和 48.374 2.

5. 试求 $n = 10$ 阶矩阵

$$\boldsymbol{A} = (a_{ij}) = \left(\frac{1}{i+j-1} \right), \qquad i,j = 1,2,\cdots,n$$

的全部特征值及其对应的特征向量.

解: 编写运用 QR 方法解此题的程序如下:

```
function [lambda,V] = qrmaxtr2(A,tol)
    warning off;
    k  = 1;
    AA = A;
    n  = size(A,1);
    A0 = zeros(n);
    V  = A0;
    while norm( diag(A-A0) ) > tol,
        k = k + 1;
        A0 = A;
        [Q,R] = qr(A);
        A = R*Q;
    end
    lambda = diag(A)';
    for i = 1:n,
        u = rand(n,1);
        for j = 1:3,
            v = (AA - lambda(i)*eye(n)) \ u;
            [s,ind] = max(abs(v));
            u = v / sign(v(ind)) / norm(v);
        end
        V(:,i) = u;
    end
```

其中 lambda 含有矩阵 $\boldsymbol{A}$ 的所有特征值, V 是纪录对应 lambda 中的特征值的特征向量矩阵. V 中的列就是对应 lambda 中分量的特征向量. 在命令窗口输入:

```
>> A = hilb(7);
>> [V,D] = qrmaxtr2(A,1e-10)
V =
    1.6609    0.2719    0.0213    0.0010    0.0000    0.0000    0.0000
D =
    0.7332    0.6232   -0.2608   -0.0752    0.0160   -0.0025    0.0002
    0.4364   -0.1631    0.6706    0.5268   -0.2279    0.0618   -0.0098
    0.3198   -0.3215    0.2953   -0.4257    0.6288   -0.3487    0.0952
    0.2549   -0.3574   -0.0230   -0.4617   -0.2004    0.6447   -0.3713
```

0.2128	-0.3571	-0.2337	-0.1712	-0.4970	-0.1744	0.6825
0.1831	-0.3446	-0.3679	0.1827	-0.1849	-0.5436	-0.5910
0.1609	-0.3281	-0.4523	0.5098	0.4808	0.3647	0.1944

若要得到 $n = 10$ 的结果, 只需要把输入中的 7 改为 10 即可. 由于篇幅关系, 我们不再列出该输出的情形. 读者可以用以下 MATLAB 中内置的方式加以比较:

```
>> A = hilb(7);
>> [V,D] = eig(A)
```

第9章 常微分方程初边值问题数值解

§9.1 习 题 九

1. 取 $h = 0.1$, 分别用欧拉公式、梯形公式和改进的欧拉公式在 $0 \leqslant x \leqslant 1$ 上求解初值问题

$$y' = -y + x + 1, \qquad y(0) = 1.$$

解: 欧拉公式为

$$\begin{aligned} y_{n+1} &= y_n + h(-y_n + x_n + 1) \\ &= 0.9y_n + 0.1x_n + 0.1. \end{aligned}$$

梯形公式为

$$\begin{aligned} y_{n+1} &= y_n + \frac{h}{2}(-y_n + x_n + 1 - y_{n+1} + x_{n+1} + 1) \\ &= 0.95y_n + 0.05x_n - 0.05y_{n+1} + 0.05x_{n+1} + 0.1. \end{aligned}$$

因此

$$y_{n+1} = \frac{1}{1.05}\left(0.95y_n + 0.1x_n + 0.105\right).$$

改进的欧拉公式为

$$\bar{y}_{n+1} = 0.9y_n + 0.1x_n + 0.1,$$

以及

$$\begin{aligned} y_{n+1} &= y_n + \frac{h}{2}(-y_n + x_n + 1 - \bar{y}_{n+1} + x_{n+1} + 1) \\ &= 0.95y_n - 0.05\bar{y}_{n+1} + 0.1x_n + 0.105. \end{aligned}$$

此题的解析解可如下求得: 原方程为 $y' = -y + x + 1$, 令 $z = y - x$, 则 $z' = y' - 1$, 原方程变为 $z' = -z$, 即 $\dfrac{\mathrm{d}z}{\mathrm{d}x} = -z$. 分离变量得 $\dfrac{\mathrm{d}z}{z} = -\mathrm{d}x$. 两边积分后有 $\ln z - \ln z_0 = -(x - x_0)$, 两边取指数 $z = z_0 \mathrm{e}^{-(x-x_0)}$, 把 $z = y - x$ 代入上式, 最后得 $y = x + (y_0 - x_0)\mathrm{e}^{-(x-x_0)}$. 把 $x_0 = 0, y_0 = 1$ 代入则有 $y = x + \mathrm{e}^{-x}$. 因此有表 9-1(不含初值).

表 9-1

	y_1	y_2	y_3	y_4	y_5	y_6	y_7	y_8	y_9	y_{10}
欧拉公式	1.000 0	1.010 0	1.029 0	1.056 1	1.090 5	1.131 4	1.178 3	1.230 5	1.287 4	1.348 7
梯形公式	1.004 8	1.018 6	1.040 6	1.070 1	1.106 3	1.148 5	1.196 3	1.249 0	1.306 3	1.367 6
改进欧拉公式	1.005 0	1.019 0	1.041 2	1.070 8	1.107 1	1.149 4	1.197 2	1.250 0	1.307 2	1.368 5
解析解	1.004 8	1.018 7	1.040 8	1.070 3	1.106 5	1.148 8	1.196 6	1.249 3	1.306 6	1.367 9

2. 取 $h = 0.2$, 用四阶龙格-库塔方法在 $0 \leqslant x \leqslant 1$ 上求解初值问题

$$y' = x + y, \quad y(0) = 1.$$

解: 四阶龙格–库塔方法如下

$$y_{n+1}=y_n+\frac{1}{6}(k_1+2k_2+2k_3+k_4),$$

$$k_1=hf(x_n,y_n),$$

$$k_2=hf\left(x_n+\frac{h}{2},y_n+\frac{k_1}{2}\right),$$

$$k_3=hf\left(x_n+\frac{h}{2},y_n+\frac{k_2}{2}\right),$$

$$k_4=hf(x_n+h,y_n+k_3),$$

编写 MATLAB 程序如下:

1) 文件 ef3.m:

```
function z=ef3(x,y)
    z = x+y;
```

2) 文件 rk4.m:

```
function y = rk4(ef,y0,h,a,b)
 y(:,1)=y0;
 n = (b-a)/h;
 x = a:h:b;
 c1= [1;2;2;1]/6;
 for i = 1:n,
    k(:,1) = h*feval(ef,x(i), y(:,i));
    k(:,2) = h*feval(ef,x(i)+0.5*h,y(:,i)+0.5*k(:,1));
    k(:,3) = h*feval(ef,x(i)+0.5*h,y(:,i)+0.5*k(:,2));
    k(:,4) = h*feval(ef,x(i)+h,y(:,i)+k(:,3));
    y(:,i+1) = y(:,i) + k*c1;
 end
```

3) 在命令窗口执行

```
>> y = rk4(@ef3,1,0.2,0,1)

y =

    1.0000    1.2428    1.5836    2.0442    2.6510    3.4365
```

此题的解析解如下. 令 $z=x+y$ 得 $z'=y'+1$, 因此, $z'-1=z$. 所以 $\dfrac{z'}{z+1}=1$, 两边积分可得 $\ln(z+1)=x+\bar{C}$. 此即 $z=Ce^x-1$, 所以 $y=z-x=Ce^x-1-x$. 利用 $y(0)=1$, 可得 $C=2$, 即 $y=2e^x-1-x$. 结果如表 9-2 所示 (含初值).

表 9-2

	y_0	y_1	y_2	y_3	y_4	y_5
数值解	1.000 0	1.242 8	1.583 6	2.044 2	2.651 0	3.436 5
解析解	1.000 0	1.242 8	1.583 6	2.044 2	2.651 1	3.436 6

可以看到, 计算结果在四位小数时几乎一致.

3. 证明下述格式对任意参数 α 都是二阶的.

$$\begin{cases} y_{n+1} = y_n + \dfrac{1}{2}(k_2 + k_3), \\ k_1 = hf(x_n, y_n), \\ k_2 = hf(x_n + \alpha h, y_n + \alpha k_1), \\ k_3 = hf(x_n + (1-\alpha)h, y_n + (1-\alpha)k_1). \end{cases}$$

证: 对 k_2, k_3 做泰勒展开, 有

$$k_2 = h\left[f_n + \alpha h\frac{\partial f_n}{\partial x} + \alpha k_1\frac{\partial f_n}{\partial y}\right] + O(h^3),$$

$$k_3 = h\left[f_n + (1-\alpha)h\frac{\partial f_n}{\partial x} + (1-\alpha)k_1\frac{\partial f_n}{\partial y}\right] + O(h^3),$$

令 $y_n = y(x_n)$, 并把 $k_1 = hf_n$ 代入, 得

$$\begin{aligned} y_{n+1} &= y_n + \frac{1}{2}(k_2 + k_3) \\ &= y_n + hf_n + \frac{h^2}{2}\frac{\partial f_n}{\partial x} + \frac{h^2}{2}f_n\frac{\partial f_n}{\partial y} + O(h^3) \\ &= y(x_{n+1}) + O(h^3). \end{aligned}$$

4. 分析用中点公式求解初值问题

$$\begin{cases} y' = -5y, & x \in [0,1], \\ y(0) = 1. \end{cases}$$

时绝对稳定性对步长的限制.

解: 由中点公式可得

$$y_{n+1} = (1 - 5h + 12.5h^2)y_n,$$

于是

$$\delta_{n+1} = (1 - 5h + 12.5h^2)\delta_n.$$

为保证绝对稳定性, 则有

$$|1 - 5h + 12.5h^2| \leqslant 1,$$

解之可得

$$0 < h \leqslant 0.4.$$

5. 导出用梯形公式求解

$$\begin{cases} y' = y, & x \in [0,1], \\ y(0) = 1. \end{cases}$$

的计算公式

$$y_n = \left(\frac{2+h}{2-h}\right)^n.$$

取 $h = \dfrac{1}{4}$, 计算 $y(1)$ 的近似值.

解: 由梯形公式可得

$$y_{n+1} = y_n + \frac{h}{2}(f(x_n, y_n) + f(x_{n+1}, y_{n+1})) = y_n + \frac{h}{2}(y_n + y_{n+1}),$$

所以

$$\left(1 - \frac{h}{2}\right) y_{n+1} = \left(1 + \frac{h}{2}\right) y_n,$$

因此

$$y_n = y_{n-1}\left(\frac{2+h}{2-h}\right) = y_{n-1}\left(\frac{2+h}{2-h}\right)^2 = \cdots = \left(\frac{2+h}{2-h}\right)^n.$$

当 $h = \frac{1}{4}$ 时, $x = 1$ 处对应 $n = 4$, 因此

$$y(1) \approx y(4) = \left(\frac{2+1/4}{2-1/4}\right)^4 = 2.732\,6.$$

6. 将下列方程化为一阶方程组

$$\begin{cases} y'' - 3y' + 2y = 0, & x \in (0,1), \\ y(0) = 1,\ y'(0) = 1. \end{cases}$$

取步长 $h = 0.1$, 利用改进的欧拉公式求解该一阶方程组.

解: 令 $y' = z$, 则

$$z' = y'' = 3y' - 2y = 3z - 2y,$$

因此, 我们得到方程组

$$\begin{cases} \begin{pmatrix} y \\ z \end{pmatrix}' = \begin{pmatrix} 0 & 1 \\ -2 & 3 \end{pmatrix} \begin{pmatrix} y \\ z \end{pmatrix}, \\ \begin{pmatrix} y \\ z \end{pmatrix}\Big|_{x=0} = \begin{pmatrix} 1 \\ 1 \end{pmatrix}. \end{cases}$$

我们有如下的计算格式:

$$\begin{pmatrix} y_{n+1}^{(p)} \\ z_{n+1}^{(p)} \end{pmatrix} = \begin{pmatrix} y_n \\ z_n \end{pmatrix} + h \begin{pmatrix} 0 & 1 \\ -2 & 3 \end{pmatrix} \begin{pmatrix} y_n \\ z_n \end{pmatrix},$$
$$\begin{pmatrix} y_{n+1}^{(c)} \\ z_{n+1}^{(c)} \end{pmatrix} = \begin{pmatrix} y_n \\ z_n \end{pmatrix} + h \begin{pmatrix} 0 & 1 \\ -2 & 3 \end{pmatrix} \begin{pmatrix} y_{n+1}^{(p)} \\ z_{n+1}^{(p)} \end{pmatrix},$$
$$\begin{pmatrix} y_{n+1} \\ z_{n+1} \end{pmatrix} = \frac{1}{2}\left(\begin{pmatrix} y_{n+1}^{(p)} \\ z_{n+1}^{(p)} \end{pmatrix} + \begin{pmatrix} y_{n+1}^{(c)} \\ z_{n+1}^{(c)} \end{pmatrix}\right).$$

易知, 原问题的通解为 $y(x) = c_1 e^{2x} + c_2 e^x$, 满足初值条件的特解为 $y(x) = e^x$. 因此, 利用上面的计算格式并算出精确解在各节点的值, 整理如下表.

表 9-3

	y_0	y_1	y_2	y_3	y_4	y_5
数值解	1.000 0	1.105 0	1.221 0	1.349 2	1.490 9	1.647 4
精确解	1.000 0	1.105 2	1.221 4	1.349 9	1.491 8	1.648 7

	y_6	y_7	y_8	y_9	y_{10}
数值解	1.820 4	2.011 6	2.222 8	2.456 2	2.714 1
精确解	1.822 1	2.013 8	2.225 5	2.459 6	2.718 3

7. 取 $h = 0.5$, 用有限差分方法在 $0 \leqslant x \leqslant 1$ 上求解边值问题

$$
\begin{cases}
y'' = 6x, \\
y(0) = 0, \ y(1) = 1.
\end{cases}
$$

解: 我们有

$$
y''\left(\frac{1}{2}\right) = \frac{y(0) - 2y\left(\frac{1}{2}\right) + y(1)}{\left(\frac{1}{2}\right)^2} = 6 \times \frac{1}{2} = 3,
$$

因此

$$
y\left(\frac{1}{2}\right) = \frac{1}{8}.
$$

原方程的精确解可以如下求解: 方程两边积分两次, 有

$$
y(t) = x^3 + c_1 x + c_2,
$$

令 $y(0) = 0$, 可得 $c_2 = 0$; 令 $y(1) = 1$, 可得 $c_1 = 0$. 即 $y = x^3$.

下面的程序用追赶法实现了这一问题的求解.

```
function [x,y] = fdm(q,f,a,b,ya,yb,N)
% Solve ODE   y"+q(x)*y == f(x)
% where,      y(a) = ya
%   and       y(b) = yb
% by finite difference methods.
    if nargin<7, N = 100; end
    x  = linspace(a,b,N+1);
    qx = feval(q,x(2:N));
    fx = feval(f,x(2:N));
    h  = (b-a)/N;
    b  = -2 + h^2 * qx;
    d  = fx * h^2;
    d(1) = d(1) - ya;
    d(N-1) = d(N-1) - yb;
    for k = 2:N-1,
        b(k) = b(k) - 1/b(k-1);
        d(k) = d(k) - d(k-1)/b(k-1);
    end
    y(N-1) = d(N-1) / b(N-1);
    for k = N-2:-1:1,
        y(k) = ( d(k) - y(k+1) ) / b(k);
    end
    y = [ ya y yb ];
```

调用如下:

```
>> q=inline('zeros(size(x))','x');
>> f = inline('6*x','x');
>> [x,y]=fdm(q,f,0,1,0,1,2)
x =
     0    0.5000    1.0000
y =
     0    0.1250    1.0000
>> [x,y]=fdm(q,f,0,1,0,1,8)
x =
     0  0.1250  0.2500  0.3750  0.5000  0.6250  0.7500  0.8750  1.0000
y =
     0  0.0020  0.0156  0.0527  0.1250  0.2441  0.4219  0.6699  1.0000
```

§9.2   数值实验九

1. 分别用欧拉方法、梯形公式、改进的欧拉方法以及标准四阶龙格库塔方法求解以下常微分方程初值问题

$$\begin{cases} y' = -\dfrac{1}{x^2} - \dfrac{y}{x} - y^2, & 1 \leqslant x \leqslant 2, \\ y(1) = -1. \end{cases}$$

比较四种方法的计算精度, 并体会显格式与隐格式的区别.

解: 编程如下:

```
function test9
    n = 1000;
    [tb,yb] = ode45(@f,linspace(1,2,n+1),-1);
    col = 'rgbk';
    method = strvcat('rk4','eulerp','trapzm','euler');
    fprintf('%8s %14s %12s\n','method','Error','Time');
    for m = 1:4,
        mc = deblank(method(m,:));
        t = cputime;
        [tn,yn] = feval(mc, @f, [1 2], -1, n);
        t  = cputime - t;
        err = norm(yn-yb')/n;
        hold on;
        plot(tn,yn,'-','color',col(m));
        fprintf('%8s %14.8f %12.8f\n',mc,err,t);
    end
```

```
function [x,y] = rk4(ef,tspan,y0,n)
    y(1) = y0;
    a = tspan(1);
    b = tspan(2);
    h = (b-a)/n;
    x = a:h:b;
    c1 = [1 2 2 1]'/6;
    for i = 1:n,
        k(1) = h * feval(ef,x(i), y(i));
        k(2) = h * feval(ef,x(i)+0.5*h,y(i)+0.5*k(1));
        k(3) = h * feval(ef,x(i)+0.5*h,y(i)+0.5*k(2));
        k(4) = h * feval(ef,x(i)+h,y(i)+k(3));
        y(i+1) = y(:,i) + k*c1;
    end

function [x,y] = eulerp(ef,tspan,y0,n)
    y(1) = y0;
    a    = tspan(1);
    b    = tspan(2);
    h    = (b-a)/n;
    x    = a:h:b;
    for i = 1:n,
        yb     = y(i) + h * feval(ef, x(i), y(i));
        y(i+1) = y(i) + h * feval(ef, x(i), yb );
    end

function [x,y] = trapzm(ef,tspan,y0,n)
    y(1) = y0;
    a    = tspan(1);
    b    = tspan(2);
    h    = (b-a)/n;
    x    = a:h:b;
    for i = 1:n,
        yt = y(i) + h * feval(ef, x(i), y(i));
        done = 0;
        while ~done,
            y(i+1) = y(i) + h * feval(ef, x(i), yt);
            done = (abs(y(i+1)-yt)<=1e-6);
            yt = y(i+1);
```

```
        end
    end

function [x,y] = euler(ef,tspan,y0,n)
    y(1) = y0;
    a    = tspan(1);
    b    = tspan(2);
    h    = (b-a)/n;
    x    = a:h:b;
    for i  = 1:n,
        y(i+1) = y(i) + h * feval(ef, x(i), y(i));
    end

function dydx = f(x,y)
    dydx = - 1/x^2 - y/x - y^2;
```

在 MATLAB 运行命令 test9 可以得到以下结果 $(n = 1000)$, 误差 $\varepsilon = \frac{1}{n}\left(\sum_{i=1}^{n}|y_i - y_i^*|^2\right)^{1/2}$,

而 y_i^* 是由 MATLAB 系统函数 ode45 得到的解, y_i 是当前方法的解. 统计时间可能会由于计算机的性能而有所差别.

```
>> test9
  method      Error         Time
     rk4    0.00000106    0.04700000
  eulerp    0.00031013    0.01600000
  trapzm    0.00031265    0.03100000
  euler     0.00028372    0.01600000
```

图 9-1 是把程序中的 n 改成 50 后得到的近似解函数曲线图, 可以看到龙格 – 库塔方法最好, 另外三个方法相差不大.

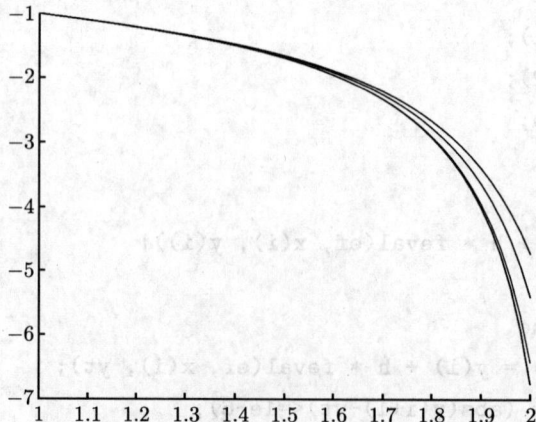

图 9-1

2. 用标准四阶龙格–库塔方法, 对 $x \geqslant 0$ 时的标准正态分布函数

$$\Phi(x) = \frac{1}{\sqrt{2\pi}} \int_0^x e^{-\frac{t^2}{2}} dt + \frac{1}{2}, \quad 0 \leqslant x < \infty$$

产生一张在 $[0,5]$ 之间 80 个等距节点处的函数表.

解: 原表达式等价于

$$\Phi'(x) = \frac{1}{\sqrt{2\pi}} e^{-\frac{x^2}{2}}, \quad \Phi(0) = \frac{1}{2}.$$

用龙格–库塔方法编程如下:

```
function test92
    n = 1000;
    [t,y] = rk4(@phi, [0,5], 0.5, 80);
    fprintf([repmat('%8.6f ',1,8),'\n'],y(2:end));

function [x,y] = rk4(ef,tspan,y0,n)
    y(1) = y0;
    a = tspan(1);
    b = tspan(2);
    h = (b-a)/n;
    x = a:h:b;
    c1 = [1 2 2 1]'/6;
    for i = 1:n,
        k(1) = h * feval(ef,x(i), y(i));
        k(2) = h * feval(ef,x(i)+0.5*h,y(i)+0.5*k(1));
        k(3) = h * feval(ef,x(i)+0.5*h,y(i)+0.5*k(2));
        k(4) = h * feval(ef,x(i)+h,y(i)+k(3));
        y(i+1) = y(:,i) + k*c1;
    end

function dydx = phi(x,y)
    dydx = 1/sqrt(2*pi) * exp(-x.^2/2);
```

运行如下 (初值不显示):

```
>> test92
0.524918 0.549738 0.574366 0.598706 0.622670 0.646170 0.669126 0.691462
0.713112 0.734014 0.754116 0.773373 0.791748 0.809213 0.825749 0.841345
0.855996 0.869705 0.882485 0.894350 0.905324 0.915434 0.924712 0.933193
0.940915 0.947919 0.954246 0.959941 0.965046 0.969604 0.973658 0.977250
0.980420 0.983207 0.985647 0.987776 0.989625 0.991226 0.992605 0.993790
0.994804 0.995668 0.996401 0.997020 0.997542 0.997980 0.998346 0.998650
```

0.998903 0.999111 0.999282 0.999423 0.999538 0.999631 0.999706 0.999767

0.999816 0.999856 0.999887 0.999912 0.999931 0.999947 0.999959 0.999968

0.999976 0.999981 0.999986 0.999989 0.999992 0.999994 0.999995 0.999997

0.999997 0.999998 0.999999 0.999999 0.999999 0.999999 1.000000 1.000000

3. 考虑刚性问题

$$\begin{cases} y' = 5e^{5x}(y-x)^2 + 1, & x \in [0,1], \\ y(0) = 1. \end{cases}$$

该问题的真解为 $y(x) = x - e^{-5x}$. 分别取步长 $h = 0.2$ 和 0.25, 用标准龙格 – 库塔公式和梯形公式求解该初值问题, 并对计算结果进行分析.

解: 编程如下:

```
function test93
    method = strvcat('rk4','trapzm');
    fprintf('%8s%3s%10s%10s\n','method','n','error','time');
    ff = inline('x-exp(-5*x)');
    for n = [100 50 20 5 4],
        h = 1 / n;
        for m = 1:2,
            mc      = deblank(method(m,:));
            t       = cputime;
            [tn,yn] = feval(mc, @f, [0,1], -1, n);
            t       = cputime - t;
            yx      = ff(tn);
            err     = norm(yn-yx,inf);
            fprintf('%8s %3d %11.8f %10.8f\n',mc,n,err,t);
        end
    end


function [x,y] = rk4(ef,tspan,y0,n)
    y(1) = y0;
    a = tspan(1);
    b = tspan(2);
    h = (b-a)/n;
    x = a:h:b;
    c1 = [1 2 2 1]'/6;
    for i = 1:n,
        k(1) = h * feval(ef,x(i), y(i));
        k(2) = h * feval(ef,x(i)+0.5*h,y(i)+0.5*k(1));
        k(3) = h * feval(ef,x(i)+0.5*h,y(i)+0.5*k(2));
        k(4) = h * feval(ef,x(i)+h,y(i)+k(3));
```

```
            y(i+1) = y(:,i) + k*c1;
        end
function [x,y] = trapzm(ef,tspan,y0,n)
    y(1) = y0;
    a    = tspan(1);
    b    = tspan(2);
    h    = (b-a)/n;
    x    = a:h:b;
    for i = 1:n,
        yt = y(i) + h * feval(ef, x(i), y(i));
        for k = 1:5,
            y(i+1) = y(i) + h * feval(ef, x(i), yt);
            yt = y(i+1);
        end
    end


function dydx = f(x,y)
    dydx = 5 * exp(5*x) * (y-x)^2 + 1;
```

运行后结果如下:

```
>> test93
  method n     error       time
    rk4 100 0.00000010 0.00000000
 trapzm 100 0.02583967 0.00000000
    rk4 50  0.00000177 0.00000000
 trapzm 50  0.05042763 0.00000000
    rk4 20  0.00008272 0.00000000
 trapzm 20         Inf 0.00000000
    rk4 5   0.01902731 0.00000000
 trapzm 5          Inf 0.00000000
    rk4 4          Inf 0.00000000
 trapzm 4          Inf 0.00000000
```

可以看到, 对于刚性方程, 仅在步长较小时可得到较好的近似解, 且龙格–库塔方法较梯形方法有效.

4. 尝试用不同方法求解下面的初值问题

$$\begin{pmatrix} u' \\ v' \end{pmatrix} = \begin{pmatrix} 32 & 66 \\ -66 & -133 \end{pmatrix} \begin{pmatrix} u \\ v \end{pmatrix} + \begin{pmatrix} \dfrac{2}{3}x + \dfrac{2}{3} \\ -\dfrac{1}{3}x + \dfrac{1}{3} \end{pmatrix}, \quad x \in [0, 0.5],$$

初值条件为

$$\begin{pmatrix} u(0) \\ v(0) \end{pmatrix} = \begin{pmatrix} \dfrac{1}{3} \\ \dfrac{1}{3} \end{pmatrix},$$

比较各种方法的计算结果和计算时间. (该问题的精确解为 $u = \dfrac{2}{3}x + \dfrac{2}{3}\mathrm{e}^{-x} - \dfrac{1}{3}\mathrm{e}^{-100x}$,

$v = -\dfrac{1}{3}x - \dfrac{1}{3}\mathrm{e}^{-x} + \dfrac{2}{3}\mathrm{e}^{-100x}$.)

解: 我们采用不同的方法以及不同的步长来求解. 编程如下:

```
function test94
   method = strvcat('euler','eulerp','trapzm','rk4');
   fprintf('%8s%4s%10s%16s\n','method','n','error','time');
   u = inline('(2*x+2*exp(-x)-  exp(-100*x))/3');
   v = inline('(- x-  exp(-x)+2*exp(-100*x))/3');
   for n = [50000 5000 500 50 5],
       h = 1 / n;
       for m = 1:size(method,1),
           mc      = deblank(method(m,:));
           t       = cputime;
           [tn,yn] = feval(mc, @f, [0,0.5], [1 1]'/3, n);
           t       = cputime - t;
           YX      = [ u(tn); v(tn) ];
           err     = norm(yn-YX,1);
           fprintf('%8s %5d %11.8e %8.3f\n',mc,n,err,t);
       end
   end


function [x,y] = euler(ef,tspan,y0,n)
   y(:,1) = y0;
   a     = tspan(1);
   b     = tspan(2);
   h     = (b-a)/n;
   x     = a:h:b;
   for i = 1:n,
       y(:,i+1) = y(:,i) + h * feval(ef, x(i), y(:,i));
   end


function [x,y] = eulerp(ef,tspan,y0,n)
   y(:,1) = y0;
   a     = tspan(1);
   b     = tspan(2);
```

```
    h    = (b-a)/n;
    x    = a:h:b;
    for i  = 1:n,
        yb         = y(:,i) + h * feval(ef, x(i), y(:,i));
        y(:,i+1) = y(:,i) + h * feval(ef, x(i), yb  );
    end

function [x,y] = rk4(ef,tspan,y0,n)
    y(:,1) = y0;
    a = tspan(1);
    b = tspan(2);
    h = (b-a)/n;
    x = a:h:b;
    c1 = [1 2 2 1]'/6;
    for i = 1:n,
        k(:,1) = h * feval(ef,x(i), y(:,i));
        k(:,2) = h * feval(ef,x(i)+0.5*h,y(:,i)+0.5*k(1));
        k(:,3) = h * feval(ef,x(i)+0.5*h,y(:,i)+0.5*k(2));
        k(:,4) = h * feval(ef,x(i)+h,y(:,i)+k(3));
        y(:,i+1) = y(:,i) + k*c1;
    end

function [x,y] = trapzm(ef,tspan,y0,n)
    y(:,1) = y0;
    a    = tspan(1);
    b    = tspan(2);
    h    = (b-a)/n;
    x    = a:h:b;
    for i  = 1:n,
        yt = y(:,i) + h * feval(ef, x(i), y(:,i));
        for k = 1:5,
            y(:,i+1) = y(:,i) + h * feval(ef, x(i), yt);
            yt = y(:,i+1);
        end
    end

function dydx = f(t,y)
    A = [ 32 66; -66 -133 ];
    dydx = A * y + [2/3*(t+1); 1/3*(1-t)];
```

运行结果如下:

```
>> test94
  method   n      error          time
   euler 50000 2.48979055e-001   11.860
  eulerp 50000 2.48976131e-001   12.328
  trapzm 50000 2.48976131e-001   14.703
     rk4 50000 2.48983539e-001   13.485
   euler  5000 2.48974505e-001    0.157
  eulerp  5000 2.48945266e-001    0.203
  trapzm  5000 2.48945269e-001    0.500
     rk4  5000 2.49019383e-001    0.375
   euler   500 2.48928989e-001    0.016
  eulerp   500 2.48636467e-001    0.016
  trapzm   500 2.48636759e-001    0.031
     rk4   500 2.49380649e-001    0.031
   euler    50 3.61162941e-001    0.000
  eulerp    50 9.61158193e-001    0.000
  trapzm    50 9.61154925e-001    0.016
     rk4    50 4.45379441e-001    0.000
   euler     5 5.82619236e+004    0.000
  eulerp     5 6.15711716e+009    0.000
  trapzm     5 6.12642678e+029    0.000
     rk4     5 6.08140744e+009    0.000
```

5. 取步长 $h = \dfrac{1}{2}, \dfrac{1}{4}, \cdots, \dfrac{1}{256}$,用有限差分方法求解边值问题

$$\begin{cases} (1+x^2)y'' - xy' - 3y = 6x - 3, & 0 \leqslant x \leqslant 1, \\ y(0) - y'(0) = 1, & y(1) = 2. \end{cases}$$

解: 假设求解一般的边值问题如下:

$$\begin{cases} p(x)y'' + q(x)y' + r(x)y = f(x), & a \leqslant x \leqslant b, \\ \alpha_1 y'(a) + \alpha_2 y(a) = \alpha_3, \\ \beta_1 y'(b) + \beta_2 y(b) = \beta_3. \end{cases}$$

式中, α_i 不全为零, β_i 不全为零.

假设等分节点为 x_i, $i = 0, 1, 2, \cdots, N$. 在节点 x_i 离散化原方程, 有

$$p(x_i)\frac{y_{i-1} - 2y_i + y_{i+1}}{h^2} + q(x_i)\frac{y_{i+1} - y_i}{h} + r(x_i)y_i = f(x_i).$$

式中, $i = 1, 2, \cdots, N - 1$. 边界条件离散为

$$\alpha_1 \frac{y_1 - y_0}{h} + \alpha_2 y_1 = \alpha_3,$$

$$\beta_1 \frac{y_{N+1} - y_N}{h} + \beta_2 y_{N+1} = \beta_3.$$

总计得到 $N+1$ 个方程的方程组. 该方程组是一个三对角系数矩阵的方程组, 可以用追赶法求解.

编程如下: 文件 `fdm4bvp.m`

```matlab
function [xx,yy] = fdm4bvp(p,q,r,f,a,b,alpha,beta,N)
% Solve ODE      p(x)*y" + q(x)*y' + r(x)*y == f(x),  a <= x <= b,
% with  BC       alpha(1) * y'(a) + alpha(2) * y(a) == alpha(3)
%                beta(1)  * y'(b) + beta(2)  * y(b) == beta(3)
    if nargin<9, N = 100; end
    h = (b-a)/N;
    xx = linspace(a,b,N+1);
    x = xx(2:N);
    px = feval(p,x);
    qx = feval(q,x);
    rx = feval(r,x);
    fx = feval(f,x);
    aa = [ px-h*qx -beta(1) ];
    bb = [ -alpha(1)+alpha(2)*h -2*px+rx*h^2 beta(1)+beta(2)*h ];
    cc = [ alpha(1) px+h*qx ];
    dd = [ alpha(3)*h fx*h^2 beta(3)*h ];
    for k = 2:N+1,
        bb(k) = bb(k) - aa(k-1)/bb(k-1) * cc(k-1);
        dd(k) = dd(k) - aa(k-1)/bb(k-1) * dd(k-1);
    end
    yy(N+1) = dd(N+1) / bb(N+1);
    for k = N:-1:1,
        yy(k) = ( dd(k) - cc(k)*yy(k+1) ) / bb(k);
    end
```

文件 `test_bvp.m`

```matlab
p = inline('1+x.^2','x');
q = inline('-x','x');
r = inline('-3*ones(size(x))','x');
f = inline('6*x-3','x');
a = 0;
b = 1;
alpha = [ -1 1 1];
beta  = [  0 1 2];
for N = 2.^[1:8],
```

```
    [xx,yy] = fdm4bvp(p,q,r,f,a,b,alpha,beta,N);
    plot(xx,yy,'r-');
    pause
end
```

在 MATLAB 上运行命令

```
>> test_bvp
```

就得结果, 当 $n = 4$ 和 $n = 256$ 时的图像如图 9-2 所示. 该问题的精确解是 $y(x) = x^3 + 1$.

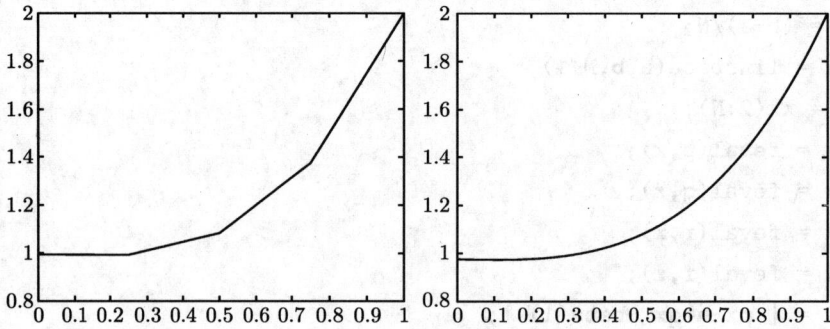

图 9-2

附录　模拟考卷

考　卷　1^①

1. 已知函数 $f(x) = \sin \dfrac{\pi x}{2}$，给出该函数在点 $0, 0.5, 1, 1.5, 2$ 上的最小二乘拟合二次多项式函数.

2. 给出下列公式中的参数 α，使其代数精度达到最高，并指明代数精度，用它计算积分 $\int_1^{10} \log_{10} x \mathrm{d}x$：

$$\int_a^b f(x)\mathrm{d}x = \frac{b-a}{2}\left(f(a) + f(b)\right) + \alpha\left(f'(a) - f'(b)\right).$$

3. 写出下面线性代数方程组的雅可比迭代格式，并说明它是否收敛

$$\begin{pmatrix} 2 & 1 & 0 \\ 1 & 3 & 2 \\ -1 & 2 & 3 \end{pmatrix} \begin{pmatrix} x_1 \\ x_2 \\ x_3 \end{pmatrix} = \begin{pmatrix} 1 \\ 2 \\ -3 \end{pmatrix}.$$

4. 用欧拉公式求解下面的常微分方程初值问题，取步长 $h = 0.2$：

$$\begin{cases} \dfrac{\mathrm{d}y}{\mathrm{d}x} = x + y - 1, \\ y(0) = 1,\ 0 \leqslant x \leqslant 1. \end{cases}$$

5. 利用 Cholesky 分解计算方程组的解

$$\begin{pmatrix} 1 & 2 & -1 \\ 2 & 5 & -1 \\ -1 & -1 & 100 \end{pmatrix} \begin{pmatrix} x_1 \\ x_2 \\ x_3 \end{pmatrix} = \begin{pmatrix} 2 \\ 6 \\ 98 \end{pmatrix}.$$

6. 用牛顿插值法计算满足下面条件的三次多项式

$$p(1) = 5/6,\ p(2) = 17/3,\ p(3) = 31/2,\ p(4) = 97/3.$$

下面题目为编程题，请勿手算，请只用 MATLAB 语言.

7. 已知切比雪夫函数 $T_k(x)$ 定义如下

$$\begin{cases} T_0(x) = 1,\ T_1(x) = x, \\ T_{n+1}(x) = 2x T_n(x) - T_{n-1}(x). \end{cases}$$

编程画出 $T_0(x) \sim T_5(x)$ 在区间 $[-1, 1]$ 上的图像.

---

① 此卷为 2009 年 1 月份工科研究生数值分析试卷 A 卷.

8. 已知有两个 MATLAB 函数文件定义如下:

文件 1

```
function v = f(x)
   v = x - cos(x);
```

文件 2

```
function z = g(x)
   z = x*log(x)-1;
```

请编写一个二分法求根的程序, 给定初始区间, 给出求解这两个函数根的恰当的调用方式.

考 卷 2[①]

1. 利用 Cholesky 分解计算方程组 $Ax = b$ 的解:

$$\begin{pmatrix} 1 & 2 & 0 & 0 \\ 2 & 5 & 2 & 0 \\ 0 & 2 & 5 & 2 \\ 0 & 0 & 2 & 5 \end{pmatrix}\begin{pmatrix} x_1 \\ x_2 \\ x_3 \\ x_4 \end{pmatrix} = \begin{pmatrix} 1 \\ 1 \\ -1 \\ 3 \end{pmatrix}.$$

2. 用牛顿迭代法计算方程 $x = \cos x$ 的近似根, 使其至少具有 5 个有效数字.

3. 已知函数 $y = \log_2 x$ 有下面的函数值表, 给出其四阶牛顿多项式插值, 并计算 $\log_2 3$ 的近似值:

x_i	1/4	1/2	1	2	4
y_i	-2	-1	0	1	2

4. 确定下面求积公式中的系数, 使其代数精度达到最高, 指明代数精度并计算积分 $\int_1^e \ln x dx$ 的近似值:

$$\int_0^1 f(x)\mathrm{d}x = \frac{1}{2}\left(f(0) + f(1)\right) - a\left(f'(0) - f'(1)\right).$$

5. 写出用雅可比迭代法和高斯–赛德尔迭代法求解下面线性方程组的迭代格式, 说明迭代收敛性及其理由:

$$\begin{pmatrix} 2 & 1 & 1 \\ 1 & 2 & 1 \\ 1 & 1 & 2 \end{pmatrix}\begin{pmatrix} x_1 \\ x_2 \\ x_3 \end{pmatrix} = \begin{pmatrix} 1 \\ 2 \\ 1 \end{pmatrix}.$$

下面题目为编程题, 请勿手算, 请只用 MATLAB 语言.

6. 已知求解微分方程 $y' = f(x,y)$ 初值问题的两段两阶龙格–库塔公式如下 (其中 h 为步长).

———
① 此卷为 2009 年 1 月份本科生数值分析试卷 A 卷.

$$\begin{cases} y_{n+1} = y_n + \dfrac{1}{2}k_1 + \dfrac{1}{2}k_2, \\ k_1 = hf(x_n, y_n), \\ k_2 = hf\left(x_n + \dfrac{h}{2}, y_n + \dfrac{k_1}{2}\right). \end{cases}$$

请用该方法以 MATLAB 编程计算下面微分方程的近似解

$$\begin{cases} y'(x) = \sin y + 3y^2, \\ y(0) = 2, \quad 0 \leqslant x \leqslant 3. \end{cases}$$

7. 给出 MATLAB 程序完成下面的拟合问题:

拟合形如 $f(x) \approx \dfrac{a + bx}{1 + cx}$ 的函数的一种方法是将最小二乘法用于问题 $f(x)(1 + cx) = a + bx$. 使用这个方法拟合下面的中国人口数据, 并给出 2010 年中国人口数据的预报.

人口统计年份	1953	1964	1982	1990	2000
人口总数 (亿)	5.82	6.95	10.08	11.34	12.66

考 卷 3[①]

1. 设 $\boldsymbol{A} = \begin{pmatrix} 4 & -3 & 3 \\ 3 & 2 & -6 \\ 1 & -5 & 3 \end{pmatrix}$, $b = \begin{pmatrix} 4 \\ 7 \\ 3 \end{pmatrix}$, 将 $\boldsymbol{A}$ 进行 LU 分解, 其中 $\boldsymbol{L}$ 为单位下三角, $\boldsymbol{U}$ 为上三角矩阵, 并由此求解方程 $\boldsymbol{Ax} = \boldsymbol{b}$.

2. 对线性方程组

$$\begin{cases} 3x_1 - 10x_2 = -7, \\ 9x_1 - 4x_2 = 5. \end{cases}$$

(1) 问用雅可比迭代和高斯–赛德尔迭代求解此方程组是否收敛? 说明理由.

(2) 设法导出使雅可比迭代和高斯–赛德尔迭代收敛的格式, 要求分别写出格式, 并说明收敛理由.

3. 确定系数 a, b, c, d, 使得下列函数

$$s(x) = \begin{cases} 3(x-1) + 2(x-1)^2 - (x-1)^3, & 1 \leqslant x \leqslant 2, \\ a + b(x-2) + c(x-2)^2 + d(x-2)^3, & 2 \leqslant x \leqslant 3. \end{cases}$$

是一个三次样条, 同时具有性质 $s'(1) = s'(3)$.

4. 求下列数据表的最小二乘三次逼近多项式:

x	−1	0	1	2	3
$f(x)$	−3	−1	3	39	161

5. 确定下列求积公式中的系数 A, B 使其代数精度最高, 指明代数精度:

$$\int_{-1}^{1} f(x)\mathrm{d}x \approx Af\left(-\frac{\sqrt{3}}{3}\right) + Bf\left(\frac{\sqrt{3}}{3}\right)$$

[①] 此卷为 2007 年 1 月份工科研究生数值分析试卷 A 卷.

并完成下列两个问题:

(a) 用上述公式近似计算积分 $\int_1^{1.5} e^{-x^2} dx$.

(b) 将区间 $[1, 1.5]$ 分成两个区间, 用它的复合求积公式近似计算积分 $\int_1^{1.5} e^{-x^2} dx$.

6. 计算下列表达式中的系数 A, B, C,

$$f''(x) = Af(x_0) + Bf(x_1) + Cf(x_2)$$

使得它对下列的三个多项式能精确成立: 1, $x - x_1$, $(x - x_1)^2$, 其中 $x_0 \leqslant x_1 \leqslant x_2$, $x_1 - x_0 = h$, $x_2 - x_1 = \alpha h$.

7. 以下面的函数头完成牛顿法求方程的根的程序:

`function [x,it]=newton(f,g,x0,tol),`

其中 `f` 为非线性方程对应的函数, `g` 为它的导数, `x0` 为迭代初始值, `tol` 为控制精度, `x` 是迭代完成时的近似解, `it` 为迭代所需的步数. 编写一段程序来求解 $f(x) = x^3 + 2x^2 + 10x - 20$ 在区间 $[1, 2]$ 内的一个根, 要求初始值取 $x_0 = 1$, 迭代精度控制为 $|x_k - x_{k-1}| \leqslant 10^{-8}$.

8. 以下面的函数头完成反幂法求矩阵的按模最小特征值的程序:

`function [x,lam,it] = anpow(A,x0,tol),`

其中 `A` 为输入的矩阵, `x0` 为迭代初始的特征向量, `tol` 为控制精度, `x` 和 `lam` 是迭代完成时的近似特征向量和特征值, `it` 为迭代所需的步数. 编写一段程序调用程序来求解下列矩阵的按模最小特征值和特征向量, 迭代精度控制为 $\|x_k - x_{k-1}\|_2 \leqslant 10^{-6}$:

$$\boldsymbol{A} = \begin{pmatrix} 4 & -1 & 1 \\ -1 & 3 & -2 \\ 1 & -2 & 3 \end{pmatrix}.$$

模拟考卷答案

考卷 1 答案

1. $y = \left(-\dfrac{4}{7} - \dfrac{2}{7}\sqrt{2}\right) x^2 + \left(\dfrac{8}{7} + \dfrac{4}{7}\sqrt{2}\right) x - \dfrac{3}{35} + \dfrac{2}{35}\sqrt{2} = -0.975\,4x^2 + 1.950\,9x - 0.004\,9.$

2. $\alpha = \dfrac{1}{12}(b-a)^2$, 代数精度为 3, 积分值为 $\dfrac{9}{2} + \dfrac{243}{40\ln 10} = 7.138.$

3. 迭代格式为

$$\begin{cases} x_1^{(k+1)} = 1/2(1 - x_2^{(k)}), \\ x_2^{(k+1)} = 1/3(2 - x_1^{(k)} - 2x_3^{(k)}), \\ x_3^{(k+1)} = 1/3(-3 + x_1^{(k)} - 2x_2^{(k)}). \end{cases}$$

因为系数矩阵是不可约弱对角占优的, 因此, 雅可比迭代收敛.

4. 迭代格式为 $y_{n+1} = 1.2y_n + 0.04n - 0.2$, 近似解 $\boldsymbol{y} = (1.0, 1.0, 1.04, 1.128, 1.273\,6, 1.488\,32)^{\mathrm{T}}.$

5. Cholesky 分解因子为 $\begin{pmatrix} 1 & & \\ 2 & 1 & \\ -1 & 1 & \sqrt{98} \end{pmatrix}$, $\boldsymbol{y} = (2, 2, \sqrt{98})^{\mathrm{T}}$, $\boldsymbol{x} = (1, 1, 1)^{\mathrm{T}}.$

6. $N(x) = \dfrac{1}{3}x^3 + \dfrac{1}{2}x^2 + x - 1.$

7.
```
function test1
    xx = linspace(-1,1);
    hold on;
    for k = 0:5,
        plot(xx,T(xx,k));
    end


function y = T(x,n)
    s1 = ones(size(x));
    s2 = x;
    if n==0,
        y = s1;
    elseif n==1,
        y = s2;
    else
        for k = 2:n,
            y = 2*x.*s2 - s1;
            s1 = s2;
            s2 = y;
        end
    end
```

8.
```
function test3
    x = bisect('f',0.5,1.0)        % include 0.7391
    x = bisect('g',1.5,2.0)        % include 1.7632, and lower bound>0


function x = bisect(f,a,b,tol)
    if nargin<4, tol = 1e-12; end
    fa = feval(f,a);
    fb = feval(f,b);
    while abs(a-b)>tol,
        x = (a+b)/2;
        fx = feval(f,x);
        if sign(fx)==sign(fa),
            a = x;
            fa = fx;
        elseif sign(fx)==sign(fb),
            b = x;
            fb = fx;
```

```
        else
            return;
        end
    end

function v = f(x)
    v = x - cos(x);


function z = g(x)
    z = x * log(x) - 1;
```

考卷 2 答案

1. Cholesky 分解因子为 $\begin{pmatrix} 1 & & & \\ 2 & 1 & & \\ & 2 & 1 & \\ & & 2 & 1 \end{pmatrix}$, $\boldsymbol{y} = (1,-1,1,1)^{\mathrm{T}}$, $\boldsymbol{x} = (-1,1,-1,1)^{\mathrm{T}}$.

2. 牛顿迭代公式为 $x_{k+1} = x_k - \dfrac{x_k - \cos x_k}{1 + \sin x_k}$, 取初值 $x_0 = 1$, 近似解 $x_4 = 0.739\,085$.

3. 19/7.

4. $\alpha = -\dfrac{1}{12}$, 代数精度为 3 次, 积分值为 1.014 668 5.

5. 雅可比迭代格式为

$$
\begin{cases}
x_1^{(k+1)} = \dfrac{1}{2}(1 - x_2^{(k)} - x_3^{(k)}), \\
x_2^{(k+1)} = \dfrac{1}{2}(2 - x_1^{(k)} - x_3^{(k)}), \\
x_3^{(k+1)} = \dfrac{1}{2}(1 - x_1^{(k)} - x_2^{(k)}).
\end{cases}
$$

高斯–赛德尔迭代格式为

$$
\begin{cases}
x_1^{(k+1)} = \dfrac{1}{2}(1 - x_2^{(k)} - x_3^{(k)}), \\
x_2^{(k+1)} = \dfrac{1}{2}(2 - x_1^{(k+1)} - x_3^{(k)}), \\
x_3^{(k+1)} = \dfrac{1}{2}(1 - x_1^{(k+1)} - x_2^{(k+1)}).
\end{cases}
$$

因为系数矩阵 $\boldsymbol{A}$ 是正定的, 因此, 高斯–赛德尔迭代收敛; 又 $2\boldsymbol{D} - \boldsymbol{A}$ 不正定, 雅可比迭代不收敛.

6. 建立函数

```
function dydx = dfun(x,y)
    dydx = sin(y) + 3*y^2;
```

程序如下:

```
function [t,y] = rk2(dfun,a,b,y0,h)
    t = a:h:b;
    n = length(t);
```

```
        y(1) = y0;
        for k = 2:n,
            k1 = h * feval(dfun,x(k-1),y(k-1));
            k2 = h * feval(dfun,x(k-1)+h/2,y(k-1)+k1/2);
            y(k) = y(k-1) + 1/2 * (k1+k2);
        end
```
调用
```
    h = 0.1;
    [t,y] = rk2(@dfun,0,3,2,h)
```

7.
```
function p=ex7
    x = [1953 1964 1982 1990 2000]';
    y = [5.82 6.95 10.08 11.34 12.66]';
    A = [ones(5,1) x -x.*y];
    z = A\y;
    a = z(1);
    b = z(2);
    c = z(3);
    x1= 2010;
    p = (a+b*x1)/(1+c*x1)
```

考卷 3 答案

1. LU 分解因子为 $L = \begin{pmatrix} 1 & & \\ 0.75 & 1 & \\ 0.25 & -1 & 1 \end{pmatrix}$, $U = \begin{pmatrix} 4 & -3 & 3 \\ & 4.25 & -8.25 \\ & & -6 \end{pmatrix}$, $y = (4,4,6)^{\mathrm{T}}$,
$x = (1,-1,-1)^{\mathrm{T}}$.

2. $B_{\mathrm{J}} = \begin{pmatrix} 0 & 10/3 \\ 9/4 & 0 \end{pmatrix}$, $\rho(B_{\mathrm{J}}) = \sqrt{15/2} > 1$. $B_{\mathrm{GS}} = \begin{pmatrix} 0 & 10/3 \\ 0 & 15/2 \end{pmatrix}$, $\rho(B_{\mathrm{GS}}) = 15/2 > 1$.
因此两个方法皆不收敛. 调换两个方程的次序, 可知系数矩阵是严格对角占优的, 因此两个方法皆收敛. 雅可比迭代格式为

$$\begin{cases} x_1^{(k+1)} = \dfrac{1}{9}(5 + 4x_2^{(k)}), \\ x_2^{(k+1)} = -\dfrac{1}{10}(-7 - 3x_1^{(k)}), \end{cases}$$

高斯–赛德尔迭代格式为

$$\begin{cases} x_1^{(k+1)} = \dfrac{1}{9}(5 + 4x_2^{(k)}), \\ x_2^{(k+1)} = -\dfrac{1}{10}(-7 - 3x_1^{(k+1)}). \end{cases}$$

3. $a = b = 4$, $c = -1$, $d = 1/3$.

4. $y = 7x^3 - 1.571\,4x^2 - 4.857\,1x + 0.371\,4$.

5. $A = B = 1$, 代数精度为 3 次. 积分值分别为 0.109 400 3 和 0.109 366 465 7.

6. $A = \dfrac{2}{(1+\alpha)h^2}$, $B = -\dfrac{2}{\alpha h^2}$, $C = \dfrac{2}{\alpha(1+\alpha)h^2}$.

7. 程序如下:

```
function [x,it] = newton(f,g,x0,tol)
    it = 0;
    done = 0;
    while ~done,
        x = x0 - feval(g,x0) \ feval(f,x0);
        it = it + 1;
        done = (norm(x-x0)<=tol);
        if ~done, x0 = x; end
    end
```

为了实现求解, 需建立如下两个函数:

```
function v = f(x)
    v = polyval([1 2 10 -20],x);
function v = g(x)
    p = polyder([1 2 10 -20]);
    v = polyval(p,x);
```

调用如下:

```
>> [x,it] = newton('f','g',2,1e-8)
```

8. 程序如下:

```
function [x,lam,it] = anpow(A,x0,tol)
    [L,U] = lu(A);
    it = 0;
    done = 0;
    while ~done,
        x = U\(L\x0);
        it = it + 1;
        [tmp,ind] = max(abs(x));
        lam = x(ind);
        done = (norm(x-x0)<=tol);
        if ~done, x0 = x/lam; end
    end
```

调用如下:

```
>> [x,lam,it] = anpow([4 -1 1;-1 3 -2; 1 -2 3], [1 1 1]', 1e-6)
```

参 考 文 献

[1] 封建湖, 车刚明. 计算方法典型题分析解集 [M]. 2 版. 西安: 西北工业大学出版社, 2001.

[2] 封建湖, 车刚明, 聂玉峰. 数值分析原理 [M]. 北京: 科学出版社, 2001.

[3] 高培旺, 等. 计算方法典型例题与解法 [M]. 北京: 国防科技大学出版社, 2003.

[4] R Kress. Numerical Analysis, Springer-Verlag[M]. Beijing: World Publishing Corporation, 2003.

[5] 李庆扬. 数值分析复习与考试指导 [M]. 北京: 高等教育出版社, 2000.

[6] 林成森. 数值分析 [M]. 北京: 科学出版社, 2006.

[7] 刘玲, 崔隽. 数值计算方法学习指导 [M]. 北京: 科学出版社, 2006.

[8] J H Mathews, K D Fink. 数值方法 (MATLAB 版)[M]. 北京: 电子工业出版社, 2005.

[9] 马东升, 熊春光. 数值计算方法习题及习题解答 [M]. 北京: 机械工业出版社, 2006.

[10] 沈剑华. 数值计算基础 [M]. 上海: 同济大学出版社, 1999.

[11] 同济大学工程应用数学系. 数学上册, 数值分析与矩阵论 [M]. 上海: 同济大学出版社, 2002.

[12] 张平文, 李铁军. 数值分析 [M]. 北京: 北京大学出版社, 2007.